典籍里的中国史

黄西蒙 著

新华出版社

图书在版编目（CIP）数据

典籍里的中国史 / 黄西蒙著. — 北京：新华出版社, 2024. 10. — ISBN 978-7-5166-7696-7

Ⅰ. K220.9

中国国家版本馆 CIP 数据核字第 2024YF9184 号

典籍里的中国史
著者：黄西蒙
出版发行：新华出版社有限责任公司
（北京市石景山区京原路 8 号　邮编：100040）
印刷：三河市君旺印务有限公司

成品尺寸：165mm×230mm 1/16	印张：15　字数：160 千字
版次：2025 年 2 月第 1 版	印次：2025 年 2 月第 1 次印刷
书号：ISBN 978-7-5166-7696-7	定价：56.00 元

版权所有·侵权必究
如有印刷、装订问题，本公司负责调换。

微店　　视频号小店　　抖店　　京东旗舰店

微信公众号　喜马拉雅　小红书　淘宝旗舰店　扫码添加专属客服

在典籍里发现历史奥秘 — 自序

古往今来，无数典籍诞生而又湮灭。中国古代史上有书籍"十厄"[1]之说，至少经历过十次以上的大规模书籍文献的毁灭事件。即便是那些侥幸躲过战乱而留存下来的书籍，大多也渐渐消逝在漫长的岁月长河中。

因此，整理、研究历史典籍，就成了不少文人学者毕生追求的事业。经过千百年来的读书人的接续努力，一些散佚的书目重现人间，一些隐入尘埃的典籍也得以焕发生机。然而，面对艰深晦涩的古代典籍，很多读者只感佶屈聱牙，难以深入阅读。其实，典籍里有很多有趣的历史知识，也有不少神秘的文化奥妙，只是需要静心阅读，用心思考，才能发现其中的价值。

本书从历史典籍出发，以通俗有趣的文字，向读者呈现中国历史与传统文化的非凡魅力。在书中，不仅能看到有关《史记》《汉书》《晋书》《聊斋志异》等经典正史与文学著作的全新视角分析与趣味解读，还能看到《草木子》《舌华录》《夜谭随录》《右台仙馆笔记》等稀见典籍的样貌与风采。徜徉其间，既能在知名史著中品读隐微的细节，又能深入浩瀚的文字之海，发掘那些几乎无人问津，却颇有价值的冷门好书。

---

[1] 中国古代图书史上有多次大规模的焚书、毁书事件。隋代学者牛弘提出"五厄"之说：秦始皇焚书、王莽之乱、董卓之乱、八王之乱与侯景之乱。后来，明代学者胡应麟提出续"五厄"之说：隋末江都之乱、安史之乱、黄巢之乱、靖康之难和宋末元军入临安事件。这些劫难合称为"十厄"。

古籍里有很多有趣和动人的故事。比如,徐昆所作的《柳崖外编》虽知名度不高,但小说的精彩程度不亚于蒲松龄《聊斋志异》。他书写鬼狐传奇,并非仅为猎奇,也有讽喻现实之义,其中一些短小精悍的寓言故事,如今读来也颇有味道。

徐昆在书中写过一个"水中传书"的故事。据说,在江苏赣榆,有一位农民在路过一条小河的时候,突然见到有人从水里钻出来,手里拿着一封信,希望他帮忙带到前面龙王庙的水潭。他见这人身上没沾一点儿水,书信漂在水面上,也没有湿,觉得很神奇,就答应下来。

等到了目的地,他不知怎么办,就对着水面说:"有人托我给龙神捎封信,如果可以的话,请出来领一下。"但水面平静如常,他只好把书信扔到水里,正准备离开的时候,只见一人从水里出来,告诉他,龙神不方便露面,由他来收信,为表示感谢,还要赠送礼物。他仔细一看,礼物竟是三小袋黄豆,觉得龙神非常吝啬,竟然送给他这么不值钱的玩意儿。

回到家,他才发现袋子里竟然是金豆。可惜,他在路上丢弃了两袋,最后一袋也只剩一颗金豆,后悔不已。徐昆也像蒲松龄一样,对故事进行点评,认为这人目光短浅,也就只有得到一颗金豆的福气。

水中传书的故事反映了古人朴素的价值观。这样的作品在历史上还有很多,如果不去挖掘和解读它们,许多有趣的故事就会渐渐消失。将这类故事重新呈现在读者面前,也是本书的创作初心。

还有一些古籍里的故事具有震撼人心的力量。比如,写下《铁函心史》的郑思肖,以赤胆忠心谱写青史。郑思肖并不算是那个时代的精神孤独者,与他一样,对大宋忠心耿耿、不肯投降元朝者大有人在。出名者有"人生

"自古谁无死，留取丹心照汗青"的文天祥，无名者有在崖山跳海殉国的十万军民，但郑思肖并没有选择以死明志，而是以生践志。坚韧地活下去，哪怕是苟且地活下去，见证时代的风云变幻，或许是郑思肖心中的执念。但历史对他还是太残酷了——元朝的统治不算太短暂，忽必烈灭掉南宋后，维持了相对安定的统治，也让反元复宋的仁人志士们，最终湮没在滚滚向前的历史洪流下。

再如文学大家关汉卿，给我们留下了《救风尘》这样出色的作品。关汉卿表现家国情怀的方式很特殊，他没有机会像前辈那样走上朝堂，治国平天下。他的情怀，更多地体现在对无数普通人的关怀上，尤其是那些被人轻视和践踏的小人物，反而成为他最喜欢书写的角色。关汉卿看似风流的人生和《救风尘》这样充满奇情的故事背后，是他始终与民众在一起的人文思想，他是真正的"人民艺术家"。能达到如此高的文学境界，关汉卿凭借的绝不仅是才华，更是一颗饱含深情的心……

这些故事凝固在典籍里，需要我们用心发现和品读。正所谓"开卷有益"，我们不妨一同进入这美妙的世界吧，在典籍里发现历史奥秘，在古书中探寻文化谜团。

是为序。

黄西蒙

2024 年 6 月

第二辑 宋元风情

《郡斋读书志》：现存最早的私家藏书目录　080

《诸蕃志》：宋人眼中的天下诸国　084

《大金吊伐录》：金朝视角下的靖康之变　087

《铁函心史》：深埋井底的大宋孤魂　092

《真腊风土记》：元朝人的海外游记　096

《河朔访古记》：跟着元朝人去考古　100

《饮膳正要》：元朝太医的食谱　105

《饮食须知》：古代食物味道大全　108

《救风尘》与关汉卿的人间大爱　113

《元史》里的忠义叙事　120

《通制条格》：古代案件里的小人物故事　126

目 录

第一辑 汉唐春秋

《史记》《汉书》与东方朔形象的塑造 … 002
《三国志》隐藏的历史密码 … 009
《晋书》与贾充的故事 … 016
《世说新语》与刘伶故事 … 021
《古今刀剑录》：上古神器传奇 … 025
《经行记》：一个唐朝人的非洲之旅 … 029
《稽瑞》与古代的祥瑞 … 035
《独异志》与唐代志怪故事 … 038
《岭表录异》：唐代岭南的奇异美食记录 … 042
《杜工部集》的沉郁顿挫 … 046
《唐才子传》里的李贺形象 … 050
《刘梦得文集》里的刘禹锡「乐天派」风格 … 057
《花间集》里的温庭筠之才 … 064
《新五代史》与贤臣呼告 … 072

《笑林广记》：民间笑话集　192

从《夏商野史》到《铁冠图全传》的历史写作　196

《沪游杂记》：晚清沪上的『生活家』　209

在《右台仙馆笔记》里寻找神秘故事　213

《啸亭杂录》：清代历史的民间记录　217

主要参考书目　222

后记　225

第三辑　明清万象

《草木子》：元末明初的社会万象之书 … 134
《古今风谣》：才子杨慎的民谣故事集 … 138
《庚巳编》：明代奇闻故事集 … 141
《花关索传》… 145
《舌华录》：明清时代的《世说新语》 … 149
《甲申朝事小纪》：明末名人故事 … 155
《小腆纪年》：故纸堆里的顺朝历史 … 158
《定鼎奇闻》：明清易代之际的「封神榜」 … 162
《明遗民录》：罕见的明朝遗民记录 … 165
《聊斋志异》里的天宫形象 … 169
《夜谭随录》：聊斋之外的谈狐说鬼 … 173
《柳崖外编》：蒲松龄「转世」的神奇之作 … 177
《瀛寰志略》：文言版的世界地理 … 180
《楹联丛话》：清代学问家整理历代对联 … 184
《天史》：古代的「十宗罪」 … 186

典籍里的中国书

第一辑·汉唐春秋

《史记》《汉书》
与东方朔形象的塑造

东方朔是古代知识分子里非常独特的一种人。由于司马迁将东方朔的生平事迹放在《史记·滑稽列传》里,后世总有一些人认为东方朔不过是插科打诨式的角色,不能算是读书人。然而,东方朔确实是有真才实学的,无论是他挥毫写下的文字,还是在朝堂内外的传奇人生,都几乎是历史上的"独一份"。后人难以复刻,甚至难以理解,这也让解读东方朔的人格与心理变得十分困难。

后世最懂东方朔的文人很可能是李白。他在《玉壶吟》里直言:"世人不识东方朔,大隐金门是谪仙。"李白风流倜傥,不拘小节,恐怕对那种一脸苦大仇深的读书人,不会有强烈的认同感。反而是东方朔看似乖戾古怪,实则有大智慧的性格,让李白十分欣赏。东方朔到底有什么本领,能让诗仙李白赞不绝口?

与历史上很多大人物的出身类似,东方朔也是寒门背景,虽然得不到任何家族关系的荫蔽,却天生拥有过目不忘的本事,对世事人情也很有洞察力。但是,东方朔从小就很想走一条与他人不同的路,或许他早就意识到,按部就班没有出路,剑走偏锋反而有可能混出名堂。

目前可知的所有史料,都将东方朔的发迹,指向他在20岁出头时,主动向汉武帝上交的自荐书。对于此事,《史记》一句话带过,"朔初入长安,至公车上书，凡用三千奏牍"。《汉书》则非常详细地记录了东方朔自荐的内容：

> 臣朔少失父母，长养兄嫂。年十三学书，三冬文史足用。十五学击剑。十六学诗书，诵二十二万言。十九学孙吴兵法，战阵之具，钲鼓之教，亦诵二十二万言。凡臣朔固已诵四十四万言。又常服子路之言。臣朔年二十二，长九尺三寸，目若悬珠，齿若编贝，勇若孟贲[1]，捷若庆忌[2]，廉若鲍叔[3]，信若尾生[4]。若此，可以为天子大臣矣。臣朔昧死再拜以闻。

从自荐书来看，东方朔可谓非常自恋，他不仅说自己少年天才，既读诗书，又懂兵法，甚至还大言不惭地自比孟贲、鲍叔牙等名臣良将。在古代，若出身贵族，这样自夸或许还有人信，但当时的东方朔并没有名流为自己背书，过度的炫耀只会让人厌恶。而且，东方朔的自荐书，绝不止上述内容，肯定还写了很多其他的文字。因为司马迁明确在《史记》里告诉我们，东方朔的自荐书，竟然写在三千片竹简上，需要两个人才能背得动，以至于汉武帝花费三个月的时间才看完。

此处的细节很值得玩味。显然，一口气不可能读完三千片竹简，汉武帝阅读东方朔自荐书的时间，应该是前前后后有三个月，是断断续续的阅读状态。从认知心理上讲，东方朔在此用了一个小伎俩，先通过海量的信息、

---

[1] 孟贲，周朝大力士，有举鼎之力。

[2] 庆忌，春秋时期吴王僚的儿子，以勇猛著称。

[3] 鲍叔牙，春秋时期齐国大夫，以廉洁公正著称，与管仲并称，有"管鲍之交"美谈。

[4] 尾生，生活在春秋时期，以讲信用而知名。《庄子》有记载："尾生与女子期于梁桥下。女子不来，水至不去。尾生抱柱而死。"

夸张的言辞引起汉武帝的关注,能引起大人物的兴趣就已经是成功的第一步了。再者,汉武帝就像"追剧"一样,利用闲暇时间来读东方朔的"大作",也会在阅读期间形成长期的记忆,打上情感烙印。

果然,汉武帝对东方朔表示了赞赏,但不可能立刻委以重任,便让他在公车署做了公车令,等待召见。然而,过了一段时间,汉武帝大概是太忙了,直接忘了这件事。东方朔拿着微薄的薪水,做着无趣的工作,便不自觉地抱怨起来。

有一次,东方朔故意吓唬几个给汉武帝养马的侏儒,说他们根本没用,皇帝要杀了他们,应该赶紧去皇帝身边谢罪。这当然是东方朔的小伎俩,就是为了得到面见汉武帝的机会。果然,汉武帝从那几个侏儒口中,明白了东方朔的意思,便召见了他。东方朔自然是先致歉,再拍马屁,待汉武帝心情平复下来之后,又说自己比侏儒个子高得多,却拿着一样的薪水,总不能一直饿着,如果得不到皇帝重用,还不如回家,也不用白白浪费京城的粮食。东方朔一番巧妙的言辞,逗得汉武帝哈哈大笑,他不仅没惩罚东方朔,反而喜欢上了他的机敏才智,也对他更加看重了。

此后,东方朔类似的"操作"还有多次。几乎每一次,东方朔都是在危急时刻,用看似"莽撞"实则轻盈的手段,化解了矛盾和尴尬。在其中,东方朔经常说点幽默话,搞点乐子,让汉武帝在愤怒的时候,可以平复情绪,在发愁的时候,可以放松心情。时间一长,汉武帝就越来越离不开东方朔了。

东方朔察言观色的能力,得到了时人和后世的一致认可。《汉书》有言:"朔虽诙笑,然时观察颜色,直言切谏,上常用之。"

短短一句话，却说出了一个很清晰的逻辑关系。东方朔看似诙谐幽默，其实是在察言观色，而且正是因为有这层"保护色"，他才能直言进谏，并且得到汉武帝的赏识。反之，缺了其中任何一个环节，东方朔都可能被汉武帝弃用，得不到重视，甚至引来杀身之祸。毕竟，历史上因为直言极谏而被皇帝罢官、杀死的大臣，实在太多了，汉武帝又是个猜忌之心很强的皇帝，东方朔不可能不明白其中的道理。

论做学问和带兵打仗，东方朔都不是第一流人才，但他能将三教九流融为一体并为我所用的本事，却是天下一绝。这也是后世将东方朔神化甚至认为他能通仙道的原因，以至于在《西游记》里，东方朔已是天上的神仙，与孙悟空还有一段故事。[1] 东方朔近乎神仙的本事，说到底，其实并非表面上的插科打诨，而是能够向汉武帝提供情绪价值，这才是他在官场几十年不倒的根本原因。

能够提供情绪价值的人，不太可能是高自尊和高敏感的人格，只有把自己的"身段"放低，才有可能让对方感受不到自己的攻击性获得愉悦感。值得深究的是，东方朔的情绪价值，并非来自自我主体性的匮乏，更不是自卑，而是一种发自内心的圆润和成熟。东方朔不需要通过外界来"证明"自己的尊严和地位，看似降低"身段"来迎合别人，其实是一种真正的自信。

而且，东方朔还通过表面上的狂放不羁来"掩盖"内心的强大，让汉武帝感受不到任何威胁。与之形成对比的是，很多大臣喜欢直言进谏，让汉武帝难以接受，即便对方说得很对，也会大发雷霆；很多忠臣良将长期处于

---

[1]《西游记》第二十六回《孙悟空三岛求方 观世音甘泉活树》里，有孙悟空寻找东华帝君时遇到东方朔的情节。东方朔在《西游记》里是东华帝君的弟子。

"伴君如伴虎"的状态里，反而不如东方朔显得洒脱。

古代读书人不乏清高孤傲者，东方朔当然也很狂，但他的狂放不羁，不是为了显示什么"格调"，而是为了自保。长期以来，东方朔刻意给人留下一种特立独行乃至疯疯癫癫的形象，反而让他在刀光剑影的武帝一朝幸存下来。

当然在汉武帝时代，东方朔也经历了现实朝堂的多次考验，其中最凶险的一次，是他在醉酒之后，竟然在皇宫大殿里小便。汉武帝知道此事后，勃然大怒。本来东方朔难逃死罪，但汉武帝考虑之后，只是将他贬为庶人。不久，东方朔又借着其他幽默进谏的机会，再次得到汉武帝的重用，继续在朝廷做官了。

还有一次，汉武帝想侵占百姓田地来扩建上林苑[1]，供自己狩猎、享乐。东方朔见状，赶忙进谏。如果他真的是个只会溜须拍马、粉饰太平的佞臣，他完全可以装聋作哑，没必要故意惹麻烦。但是，东方朔面对天下大事，德行向来很好，他投书自荐的初衷，也是进入朝廷，为百姓和国家做些好事。因此，只要汉武帝出现昏君的苗头，东方朔都会尽量劝谏。最终的结果或许是不如意的，汉武帝还是一意孤行，但东方朔在关键时刻站出来了，尽力了，便问心无愧了。

> 臣闻谦逊静悫，天表之应，应之以福；骄溢靡丽，天表之应，应之以异。今陛下累郎台，恐其不高也；弋猎之处，恐其不广也。如天不为变，则三辅之地尽可以为苑，何必盩厔、鄠、杜乎！奢侈越制，天为之变，上林虽小，臣尚以为大也……夫殷作九市之宫

---

[1] 上林苑，汉朝皇家园林，面积很大，有340平方公里。汉武帝曾扩建上林苑。西汉末年，上林苑被毁灭。

而诸侯畔[1]，灵王起章华之台而楚民散[2]，秦兴阿房之殿而天下乱。粪土愚臣，忘生触死，逆盛意，犯隆指，罪当万死，不胜大愿，愿陈泰阶六符，以观天变，不可不省……

在《谏除上林苑》里，东方朔引经据典，晓之以理，动之以情，告诫汉武帝不要大兴土木，应该体恤民力，保护良田。东方朔与那些直言相劝的大臣不同，他的谏言将自己的姿态放得很低，并且完全是从保护汉武帝利益的角度去阐释，从保护百姓到保障皇权……这个逻辑不仅清晰，也让人更容易接受。尽管汉武帝并没有完全听劝，但东方朔也没有遭到惩罚，还在历史上留下了美名。

东方朔看似狂放的言辞，其实都是斟字酌句的智慧。忠臣、能臣想要在汉武帝身边长期活着，非常不容易。从司马迁等人的记述来看，他们似乎有点不理解东方朔，觉得他只不过是皇帝身边插科打诨的角色。其实，东方朔也在用自己的特殊方式来规劝皇帝。

东方朔与司马迁可以代表两种迥异的古代文人的性格：司马迁内心严肃，有一种慷慨悲歌的英雄感；东方朔幽默，从没想过做什么英雄，在表面上扮丑角，却是有大智慧。后世的李白，很崇拜东方朔，其实他们是一类人，都是活得很通透的人，不像屈原、司马迁那么苦闷，心中郁结不得抒发，总是一副忧国忧民的样子。当然，这两种类型谈不上孰高孰低，而是在不同的历史时期和现实环境下，能够出现不同的命运。

---

1 此处的"畔"通"叛"，讲的是殷商兴建九市之宫而遭到天下诸侯反叛的典故。
2 楚灵王修筑的章华台，人称"天下第一台"，后毁于战火。其大兴土木、消耗民脂民膏的做法，一直是历史的教训。

古代知识分子由于饱读诗书，又胸怀大志，往往有强烈的自我主体性。展示"自我"很容易，但降低"自我"来展示"他者"，却往往很难。对于东方朔这种"异类"，喜欢也好，厌恶也罢，其实都不妨抱着一种包容的态度，少一些来自内心偏见的"我执"，多一些站在他者视角上的理解。或许，东方朔在面对外界质疑时，根本就没想过辩解，也不在意别人的看法。而且，随着年龄增长，东方朔的内心越来越通透了，他变得越发洒脱，更加从容。真正活出自我的人，正是如此。

经由《史记》和《汉书》，我们可以看到：东方朔在临终之时，反而一改过去的幽默滑稽，突然变得严肃起来。他十分认真地告诫汉武帝，希望他能远离小人和谗言，如果任由谗言横行，也会惹得天下不得安宁。汉武帝都惊诧了，想不到东方朔竟然说话这么严肃。[1]或许，汉武帝在"享受"东方朔提供的情绪价值的时候也没有想清楚他的人格底色到底是什么样的——这个问题，不能去想，一旦想了，东方朔那一身插科打诨的"保护色"也就失效了。东方朔终于在生命即将结束的时候，表现出最真实的一面，也佐证了之前那些"玩世不恭"与"诙谐幽默"的真实价值。

---

[1] 这段故事在《史记·滑稽列传》里有完整的记录："至老，朔且死时，谏曰：'诗云营营青蝇，止于蕃。恺悌君子，无信谗言。谗言罔极，交乱四国。原陛下远巧佞，退谗言。'帝曰：'今顾东方朔多善言？'怪之。居无几何，朔果病死。传曰：'鸟之将死，其鸣也哀；人之将死，其言也善。'此之谓也。"

《三国志》
隐藏的历史密码

曹髦之死是三国时期非常重要的历史事件，也是司马氏吞食曹魏政权的关键一步；又因为成济在光天化日之下当街弑君，更增加了此事的戏剧性，包括《三国演义》在内的后世文学作品也对曹髦之死多有演绎，"司马昭之心——路人皆知"这句话也广为流传。但是，作为距离此事最近的历史记载，陈寿《三国志》中关于曹髦的史料却有些吊诡：它并没有详细记载司马昭弑君的详细过程，此事反而在唐朝编撰的《晋书》中有较为全面的记载。

自司马懿发动高平陵之变后，曹魏皇帝的大权就开始衰落，司马懿和司马师不断加强对朝廷的控制，皇帝也逐渐变成了傀儡。曹魏一共5位皇帝，除了开头的曹丕和曹叡，后面3人都是傀儡。但即便都是傀儡，也有无限隐忍者和伺机反抗者，如果说曹芳和曹奂是前一种皇帝，曹髦无疑就是后者，是不愿忍受司马氏压迫，誓死也要捍卫皇室尊严的人。但是，他也因此被当街弑杀，最终草草埋葬，只落得一个高贵乡公的名号，连皇帝的谥号都没有。

曹髦为何能成为历史上罕见的以死抗争的帝王？细究《三国志》中的蛛丝马迹，就能还原一个形象鲜活的曹髦。《三国志》用大量篇幅记录了曹髦勤学善思、贤明有德的一面，如果不是后来被司马昭杀害，这简直就是一个盛世明君的早年形象。"少好学"是陈寿对曹髦早年最精准的评价，甚至他在史书上花了大量笔墨，来讲曹髦与文人们探讨学问的故事。

《三国志》有记载:"十月己丑,公至于玄武馆,群臣奏请舍前殿,公以先帝旧处,避止西厢;群臣又请以法驾迎,公不听。庚寅,公入于洛阳,群臣迎拜西掖门南,公下舆将答拜,傧者请曰:'仪不拜。'公曰:'吾人臣也。'遂答拜。至止车门下舆。左右曰:'旧乘舆入。'公曰:'吾被皇太后徵,未知所为。'遂步至太极东堂,见于太后。其日即皇帝位於太极前殿,百僚陪位者欣欣焉。"

曹髦在登基前后的表现,非常注重礼仪,很有分寸感。《三国志》上讲到众大臣去迎接曹髦的时候,曹髦不仅没有任何高人一等的姿态,反而十分谦恭;臣子说他可以乘车进宫,但他却说,在正式登基之前,应该与臣子一样,不能僭越。直到他登基称帝后,才使用天子仪仗,这让文武百官十分欣赏。

曹髦当时才13岁,就如此遵守礼仪、通晓人情,已经展现了出色的政治手腕。在他身边的人对他非常钦佩,钟会就称赞他"文同陈思,武类太祖"[1]——简直就是一代雄主。

或许正是过早地展现出超凡的才华与品质,曹髦才引起了司马氏集团的警惕,司马师、司马昭是不会放过他的。随着曹髦的成长,他越发不能容忍自己傀儡的身份,他在心中发誓,一定要夺回被司马氏掌控的权力。为了抒发心中的愤懑,他写了一首《潜龙诗》:

伤哉龙受困,不能越深渊。上不飞天汉,下不见于田。蟠居于井底,鳅鳝舞其前。藏牙伏爪甲,嗟我亦同然![2]

---

1 此处指陈思王曹植和魏武帝曹操,形容曹髦很有才能,文武双全。
2 顾名思义,潜龙就是潜在暗处的真龙,困于困境,只能暂时隐忍,若有时机,必冲上云霄,一展雄姿。

到了甘露五年（260年），曹髦再也无法继续隐忍，掌权的司马昭随时可能对他下手，他感到自己危机重重，只能奋力一搏。当年五月，他主动向司马昭发起挑战，亲率兵卒，杀向司马昭的府邸。此后便发生了后世熟知的司马昭弑君的故事：司马昭手下的贾充，指使成济亲自杀了曹髦，而且是当街弑君；司马昭虽然假装此事与自己无关，却无法逃脱世人的眼睛，最终以弑君者的形象在历史上定格。

吊诡的是，大段记述曹髦生平事迹的《三国志》，却在如此重要的历史事件上惜字如金，只用了"五月己丑，高贵乡公卒，年二十"这句话，就一笔带过了，也没说曹髦是怎么死的。《三国志》的作者陈寿曾经是蜀汉大臣，蜀汉灭亡后仕于西晋，专心撰写史书。陈寿的史学写作风格以简洁著称，但有时记载过于简单了，让一些重要的历史事件和人物也变得模糊起来，只留下诸多遐想的空间。

对于曹髦之死，陈寿就采取了极简的叙述风格，但他也不得不如此。陈寿的故国蜀汉已经灭亡，写《三国志》时正是司马家的人做皇帝，那么对于司马氏夺取政权中的一些不堪的过往，只能有所避讳。但是，陈寿又是严肃的史学家，出于对历史和后人负责的态度，他又不能胡编乱造，毕竟"不隐恶"是历代史官的基本操守。因此，在曹髦之死这一事件上，陈寿就采取了奇妙的春秋笔法，虽然没有明写司马昭弑君，但直接把曹髦死后，郭太后下旨的内容全盘放在《三国志》里，其中黑白善恶，便十分明晰了。

诏书上说：

> 吾以不德，遭家不造，昔援立东海王子髦，以为明帝嗣，见其好书疏文章，冀可成济，而情性暴戾，日月滋甚……吾即密有令语大将军，不可以奉宗庙，恐颠覆社稷，死无面目以见先帝。大

> 将军以其尚幼，谓当改心为善，殷勤执据。而此儿忿戾，所行益甚，举弩遥射吾宫，祝当令中吾项，箭亲堕吾前。吾语大将军，不可不废之，前后数十。此儿具闻，自知罪重，便图为弑逆，赂遗吾左右人，令因吾服药，密因鸩毒，重相设计。事已觉露，直欲因际会举兵入西宫杀吾，出取大将军，呼侍中王沈、散骑常侍王业、尚书王经，出怀中黄素诏示之，言今日便当施行……赖宗庙之灵，沈、业即驰语大将军，得先严警，而此儿便将左右出云龙门，雷战鼓，躬自拔刃，与左右杂卫共入兵陈间，为前锋所害。此儿既行悖逆不道，而又自陷大祸，重令吾悼心不可言。昔汉昌邑王以罪废为庶人，此儿亦宜以民礼葬之，当令内外咸知此儿所行。又尚书王经，凶逆无状，其收经及家属皆诣廷尉。

郭太后这封诏书是在司马昭的威逼之下写就的，所以内容十分离谱，全文都在遣责曹髦的暴虐。诏书中甚至还说，曹髦想射杀郭太后，幸亏司马昭救援及时，他手下的将军阻拦了曹髦，而曹髦也死在乱兵之中。这封诏书把曹髦的死看成恶有恶报，认为这是大逆不道，应该把曹髦贬为庶人，以平民的身份下葬。

这显然与《三国志》前文里大段记载所呈现出的曹髦贤明仁德的形象不符。把司马昭强迫郭太后写的诏书内容放在这里，简直就是对司马昭的"高级黑"，看似在赞扬司马昭，其实通过对比叙述，已经把司马昭的虚伪、奸诈呈现得淋漓尽致了。而且，如果司马炎不仔细看，他意识不到陈寿在《三国志》里用了春秋笔法来描写司马昭；将相关信息隐藏在曹髦的传记里，确实不易被发现。这能最大限度保护史官的安全，也保护了这段历史记述的真实性。

耐人寻味的是，似乎是为了记录下这个重大历史变局下不同臣子的形象，陈寿还专门点了侍中王沈、散骑常侍王业、尚书王经三人的名字。这三人原本都是曹髦身边的亲信，但在危急时刻，只有王经誓死捍卫曹髦，而王沈、王业为了保命，便把曹髦准备发兵反抗的想法及时报告给司马昭，背叛了曹髦，这成为曹髦抗争失败的重要因素。是忠臣还是小人，只有在危急关头才能看出来，这就是陈寿要告诫世人的道理，但他没有直接褒贬，毕竟这些历史人物距离陈寿生活的年代太近了，很多人的后代都还在，甚至还把控着权力。陈寿的微言大义与春秋笔法，已经尽可能地把历史最真实的一面记录了下来。

在唐初房玄龄等人撰写《晋书》时[1]，距离司马昭弑君已经过去了几百年，便不再有什么避讳的必要，因此《晋书》中的相关内容，就十分清晰了。

《晋书》中《帝纪》第二章专门记录司马师和司马炎的故事，也提到了曹髦之死：

> 五月戊子夜，使冗从仆射李昭等发甲于陵云台，召侍中王沈、散骑常侍王业、尚书王经，出怀中黄素诏示之，戒严俟旦。沈、业驰告于帝，帝召护军贾充等为之备。天子知事泄，帅左右攻相府，称有所讨，敢有动者族诛。

---

[1] 唐贞观二十年（646年），在李世民的要求下，房玄龄、褚遂良、许敬宗等21人组成了《晋书》编修团队。对房玄龄他们来说，起码有"十八家晋史"可以参考，包括"九家晋书"与"九家晋纪"，是不同学者笔下的不同风格的晋史。比如，萧梁史学家沈约，就写过一部一百一十卷的《晋书》，他还编撰了《宋书》，可惜连房玄龄都没看到沈约《晋书》的内容。还有东晋志怪小说家干宝，写过一部二十三卷的《晋纪》，写的是西晋历史。他距离书写的年代很近，估计史料真实性很高，虽然我们在今天看不到它了，但房玄龄却可以从中找到不少关键史料，并用于修撰《晋书》的工作。除了"九家晋书"与"九家晋纪"这类纪传体史书，当时社会上还流传着《汉晋春秋》《晋阳秋》等编年体史书。房玄龄与编修团队一起，在可见的史书中挖掘不少有价值的史料，还结合当时官方掌握的其他史料，在适度取舍之后，完成了最终被认定为晋代正史的《晋书》。

王沈、王业和王经三人的名字也出现在这里,前两人的告密者形象,已经在历史上定格。《晋书》中此处的"帝",指的就是司马昭,"天子"就是指曹髦。准备抗争的想法已经泄露,曹髦只能率领亲兵朝着司马昭的府邸奔去,还威胁前来抵挡的兵卒,谁敢挡道,就诛灭其族人。虽然曹髦长期是傀儡皇帝,但他毕竟有皇帝的身份,当时的普通臣子和士兵还是很畏惧的,更不敢担上弑君者的骂名。

直到曹髦率众遇到司马昭的亲信贾充,才被拦下。双方对峙之时,贾充手下的舍人成济抽出长戈,当场刺杀曹髦。这段故事后来被罗贯中写入《三国演义》,经过历代演绎,变成脍炙人口的故事。从内容来看,《三国演义》的叙述与《晋书》的记载大致相同,历史的真相就是成济在此事中成了"背锅"者,后来司马昭为了安抚人心,就将成济灭族。

而贾充是司马昭最信任的人之一,自然不可能被抛弃,反而后来随着司马炎篡位,建立晋朝,贾充也成了从龙功臣,家族兴旺,成了世家大族。但也正是贾充的女儿贾南风,后来成为"白痴皇帝"晋惠帝司马衷的皇后,祸乱朝政,酿成了八王之乱,最终毁掉了晋朝。不得不说,历史在此非常荒诞,成就司马家的人,最终也是毁灭司马家的源头之一。

从历史影响上看,司马昭弑君动摇了司马家族建立政权的合法性,"得国不正"的阴影始终笼罩在晋朝历代皇帝的头上。在强调忠孝的古代社会里,弑君者自然不能称为"忠",只能勉强在"孝"上做文章,这也导致晋朝在意识形态上无法以忠义束缚臣民的行为。民心丧乱来自上层,社会动荡不安,自然也为后来十六国乱世埋下了种子。

司马昭虽然一时成功,却在历史上留下了恶名,反而是失败的曹髦,因其宁为玉碎、不为瓦全的性格,在史书上留下了短暂却耀眼的光亮。历史上有很多傀儡帝王，郁郁而终者居多，被谋害者也不少，只有极少数人勇于反抗，并且能够为了这次奋起抗争隐忍多年，精心准备。

人们往往偏爱那些"失败的英雄"，比如荆轲、项羽，尤其欣赏他们在面对比自己强大数倍的对手时，依然没有低下头，誓死捍卫尊严，这就是源自世人内心深处的血性，平民如此，帝王亦如此。在《三国志》春秋笔法之下，或许也是古人相似的感慨。

《晋书》
与贾充的故事

贾充是司马炎建立西晋的头号功臣，但作为开国元勋，他却是一个极具争议的历史人物。《晋书》对贾充形象的塑造，在很大程度上影响了《资治通鉴》和后世对他的评价。

《晋书·列传第十章》开篇就说："贾充，字公闾，平阳襄陵人也。父逵[1]，魏豫州刺史、阳里亭侯。逵晚始生充，言后当有充闾之庆，故以为名字焉。充少孤，居丧以孝闻。袭父爵为侯。拜尚书郎，典定科令，兼度支考课。辩章节度，事皆施用。累迁黄门侍郎、汲郡典农中郎将。"这是对贾充家世背景的介绍。

贾充的一生非常传奇。他家世显赫，是曹魏豫州刺史贾逵之子。贾逵不仅给他提供了较好的教育和从政基础，也给他带来了很多人脉和声望。贾充在很早的时候，就是司马家族的亲信，做过司马昭的大将军司马。他后来在曹髦事件中的表现，真正让司马昭将他看成绝对心腹。

魏帝曹髦不忍司马家族的欺压，决定亲自率兵讨伐司马昭。但曹髦除了勇武，并无其他反抗资本。在这种时刻，司马昭为了避嫌，是不会亲自出面杀掉曹髦的，而是派贾充前去对抗。

---

1 贾逵，贾充之父。曹魏忠臣、名臣，谥号肃侯。贾逵与贾充的历史形象形成鲜明对比。

史书对这段历史有不少角度的记载，但《晋书》贾充传记里的文字很有意思：

> 转中护军，高贵乡公之攻相府也，充率众距战于南阙。军将败，骑督成倅弟太子舍人济谓充曰："今日之事如何？"充曰："公等养汝，正拟今日，复何疑！"济于是抽戈犯跸。及常道乡公即位，进封安阳乡侯，增邑千二百户，统城外诸军，加散骑常侍。

这其实是一种明褒实贬的写法：贾充刚刚唆使成济杀掉皇帝，就被司马昭加官晋爵了。世人都能看出这两件事的关联。弑君之罪，贾充算是洗不掉了。

当时，看到杀气腾腾的小皇帝，贾充有三种选择。其一，是亲自冲上去，替司马昭杀了曹髦。其二，是转变阵营，去支持曹髦，反过来征讨司马昭。这两种选择，对贾充而言，都是极其危险的。前者必将让贾充背上弑君的千古骂名，还有可能被当成替罪羊来处决；后者更是赌上了自己的身家性命，而且失败的概率极大。

贾充是个精于算计的政客，他很清楚自己该怎么选择，于是选择了第三种方案，派成济上前迎战。成济是个武人，没贾充那么精明，也没想那么多，便傻乎乎地冲了上去，将曹髦击杀。在成济之前，权臣篡位的事情也有，但公然当街弑杀皇帝的，他还是第一个。成济的做法，在当时的人看来，就是绝对的忤逆，是必须被诛灭九族的恶行。

果然，司马昭得知曹髦被杀，便假惺惺地悼念起来，并下令诛灭成济家族。成济后来也清醒了，知道自己中了圈套，但事情已经做了，再大喊大叫也救不了自己了。不过"司马昭之心——路人皆知"的说法，却在天下迅速传开，这让司马昭弑君篡位的狼子野心昭然若揭，对司马家族的统治合法性造成了极大的冲击。

贾充对这些事情，看在眼里，明白在心里。但贾充还是选择与司马家族继续合作，因为等待他的还有巨大的富贵。贾充在某种意义上也是背锅者，司马昭、司马炎当然也明白这点，便不断给贾充加官晋爵。这不仅是为了安抚贾充，也是在告诉所有人：只要跟着我司马家族，就能捞到好处；凡是对抗者，都没有好下场。

就这样，贾充为司马炎最终篡位成功，立下了"汗马功劳"。西晋开国后，贾充官至司空、太尉。在征讨东吴时，贾充又为使持节、假黄钺、大都督。司马炎统一天下后，贾充更是晋朝的头号功臣和宠臣，他死后被追赠为太宰，几乎达到了权臣的顶峰状态。

虽然贾充权势熏天，但很多人还是瞧不上他，认为他只不过是司马家族的一条忠犬，并没有治国安邦的本领，在人品道德上更是败坏。

事实上确实如此。贾充得势，并非大家推选上去的，而是司马昭、司马炎决定的。司马家族生活奢靡，直接带坏了风气，贾充也混迹其中，给自己和家人捞取好处。最终受苦的还是老百姓，这也导致西晋开国不久，就显出一副亡国之相。贾充从没把百姓和国家的利益放在心上，归根到底，他是极端自私的，只是为了自己的荣华富贵在做事罢了。

从组织管理的角度来说，领导判定下属做得好不好，需要采纳大家的意见，再进行理性的判断，绝不能全凭领导个人喜好来做事。但司马炎不管这些，只要是他自己喜欢的人，无论外界怎么评价，他都不在乎。

贾充的恶行招致很多大臣的不满，有人建议将贾充的一生，评定为一个"荒"字。[1] 贾充在临死之前，也很担心身后会有很多恶评，便找来亲近之人，问问大家的意见。结果，就连贾充的亲戚都懒得安慰他了。他的侄子贾模直言道："你的是非功过，后人自有评说，这是谁也无法掩盖的。"这句话的意思很明确了，就是告诉贾充，你的恶行没法洗白，就连家人都不知道该怎么面对那些让人羞耻的事情。

因为贾充为人不正，有时候还会被人公开嘲讽。据《资治通鉴》记载，攻灭东吴后，贾充看到被俘的吴主孙皓，想嘲讽他几句，便故意问道："我听说你很残暴，在江南挖人眼睛、剥人面皮，这是什么样的惩罚啊？"孙皓倒也硬气，直接怼了回去："对于那些弑君的、不忠不义的奸佞之臣，就该用这样的惩罚。"贾充知道孙皓是在挖苦自己，却又无法反驳，只能怏怏而去。

还有一次，在大臣的聚会上，贾充被醉酒的庾纯讥讽为祸乱天下之人，贾充不服，辩解道："我贾充辅佐两位君主，又有荡平巴蜀的功绩，怎么能说我祸国殃民呢？"庾纯立刻大叫道："高贵乡公何在？"全场氛围立刻变得无比尴尬，贾充也被驳斥得无话可说。

高贵乡公就是曹髦被弑杀后的名号，他没能得到一个皇帝的谥号，并非自己无能，而是年纪轻轻就惨遭弑杀。贾充犯下的恶行，一直未能得到世人的宽恕。但是，就是这样恶名昭彰的人，司马炎却一直"护犊子"，因为司马炎与贾充早就是利益共同体了，否定了贾充，也就否定了自己。司马炎知道自己在忠义问题上，实在是没法洗白，也只能硬着头皮走下去，导致

---

[1] 在唐代之前，谥号还是相对比较客观的，很少有人会在谥号上隐去丑恶。但司马炎固执己见，非要给贾充谥号为"武"，这也引起后世的诸多批评。

晋朝的合法性从根本上就不稳固，也为西晋的覆灭和混乱埋下了伏笔。

从政治家人格上看，如果没有足够的利他心理，就很难做成大事；即便勉强做成了，也无法赢得人心。要想取得自身的执政合法性，就必须让渡自己的一些利益；一味搞极端自我中心主义，即便抢夺了权力，也很难巩固权力。贾充和司马炎这一对利益关系，是相互作用的，也是相互妨碍的。如果司马炎能在权力稳固后，抛弃贾充这一累赘因素，或许还能开创一时的新气象，让晋朝的统治更长久一些。或者，贾充能意识到自己的过错，幡然醒悟，痛改前非，以身作则，起到积极的表率作用，或许结果也会好一些。

但是，贾充和司马炎都没有从本质上意识到自己的问题。司马炎对贾充的宠幸越多，就越加重了贾充的罪孽；而贾充宠臣的心机，也在这一过程中展现得淋漓尽致，最终与这个短命王朝一起定格在历史上。这些历史的细节，在《晋书》中都有体现，这也是秉笔直书的史官体现历史道义感的地方。

《世说新语》
与刘伶故事

　　《世说新语》记载了不少两晋南北朝有趣的文人故事。魏晋之时，不少读书人拒绝帝王的征召，隐居山林，与诗酒为伴，刘伶就是其中的典型。在嵇康、阮籍等人的光环之下，同为"竹林七贤"的刘伶，却显得黯淡许多。然而，刘伶是古代文人中最彻底的"躺平"者之一，他看似放浪不羁的形象，只是他面对现实的无奈表现。

　　按照史书的记载，刘伶这个人很有特点："身长六尺，容貌甚陋。放情肆志，常以细宇宙齐万物为心。澹默少言，不妄交游，与阮籍、嵇康相遇，欣然神解，携手入林。"[1] 刘伶相貌不佳，却毫不在乎外界的看法，完全活在自己的世界里。世人都认为他性格内向，沉默寡言，他不随便交朋友，却跟嵇康、阮籍等人关系很好，经常一起到竹林里饮酒作乐。

　　晋武帝司马炎立国之初，就听说刘伶颇有才情，便请他入朝为官。但是，刘伶经过三国战乱，目睹无数生灵涂炭之景，厌倦了无休止的征战，便直接拒绝了司马炎。但是，司马炎还是想听听他的高见，便问他治理国家的计策。刘伶对此不屑一顾，只说出一番"无为而治"的道理，不想让司马炎再生干戈了。但司马炎怀有灭吴之志，无法接受刘伶的想法，两人的

---

[1] 嵇康、阮籍、山涛、向秀、刘伶、王戎与阮咸七人合称为"竹林七贤"，不与世俗合流，对后世隐逸文学影响巨大。

谈话就此不欢而散。

不过，刘伶还是被迫当了一个参军，这是个不大不小的职位。他纯粹是被迫当的这个官，当时朝廷对他们这些名士，还是想装出一副重视人才的模样，不论其个性如何，只要有点名气，大多都能混个一官半职。刘伶在参军的位子上，总是出工不出力，很多同僚都升迁了，他却如闲云野鹤一般，根本不在乎考核是否优秀，能不能得到提拔。刘伶这番态度，让上级官员很不满，最后，他被贴上一个"毫无作为"的标签，被赶出了官场。

这番遭遇，反而让刘伶颇为得意。回到民间后，他继续过着醉酒、吟诗的日子。他有次喝醉了酒，脱掉身上的衣裤，躺在竹林里。有人实在看不惯，对他各种冷嘲热讽，他却毫不在意，还说："我以天地为栋宇，屋室为裈衣，诸君何为入我裈中？"这段经历后来被记录在《世说新语》里，成为不少人眼中"魏晋风流"的经典故事，刘伶的历史形象也与"醉酒""狂放"等概念绑在一起了。

世人多认为刘伶是狂生，却少有人能走入他的内心世界。从时间上分析，刘伶应该活了挺久，从三国初期到西晋中后期，见证了太多的刀光剑影与生离死别。脆弱敏感的人，是无法在这样的时代里存活下去的，但刘伶并没有像很多老辣的政客一样，对生命变得麻木，而是选择另一条布满荆棘的泥泞小路——用一种"非暴力不合作"的方式，来对抗那些阴恶、残忍的强权势力。

司马氏夺取天下的过程，充满了隐忍与阴谋，也让很多传统的儒家知识分子产生巨大的失落感和强烈的恐惧感。西晋成立后，读书人或选择投靠、依附司马炎，或选择归隐山林，然后被朝廷反复以征召的名义来骚扰、控制，几乎没有第三条路可走了。刘伶对此看得很透彻，他看似离经叛道、狂放不羁的做法，本质上是对自我的保护，也是对名节的珍重——当掌握话语权的人，已经背叛了儒家伦理，那么真正的儒家信徒，就不应该与他们沆瀣一气。刘伶想要保留读书人的初心，几乎是没有其他选择的，与其他几位朋友共享竹林之游，既是无奈之举，也是面对现实后的必然选择。

刘伶的做法越是荒诞、可笑，就越能衬托朝廷的昏恶。当时很多读书人都以"竹林七贤"为榜样，效仿刘伶者也不在少数，这并非他们真的不懂"礼法"，而是在特殊时代，只能"礼失求诸野"。当文明与野蛮的定义权被褫夺，不参与这些无聊的争夺，也是一种保持自我的方式。

对于其中的心理，司马炎自然看得清楚。但他还不能在面子上发作，还得装出一副礼贤下士的样子。果然，在刘伶被罢官后，朝廷又一次派人来请他出山做官。这一次，刘伶彻底"放飞自我"了，他当着朝廷官员的面，把自己灌醉，又光着身子逃跑了。官员见他这副模样，就认定他已经是个无药可救的疯子，终于"放过"了他，不再理他了。刘伶用这种巧妙的方式，躲过了朝廷的征召，后来一直隐居在家，安享天年，终老于此。

相比嵇康等人，刘伶的"躺平"更加彻底，甚至连文章都不怎么写了，生怕产生什么影响力，让朝廷发现他的才华。也正因此，刘伶得以善终，只可惜他留下的作品很少，只有《酒德颂》[1]等少数骈文传世。

在刘伶心中，"躺平"就是最合理的生存方式，可谓真正的"躺平大佬"。中西方的两位"躺平鼻祖"——哲学家庄子与第欧根尼，似乎与他的

---

[1]《酒德颂》写出了刘伶醉酒背后的文化心理。金圣叹对其高度评价道："从来只说伯伦沉醉，又岂知其得意在醒时耶？看其'天地一朝'等，乃是未饮以前，'静听不闻'，乃是既醒以后，则信乎众人皆醉，伯伦独醒耳。"刘伶看似每天醉醺醺，其实内心非常清醒。

灵魂融为一体。庄子的生命与天地合一，随遇而安，自在而逍遥。第欧根尼躺在一个木桶里，还嫌弃亚历山大遮住了阳光，更不在乎被人称为"犬儒"。刘伶也是如此，他并不是真的不作为，而是不愿意混入多数读书人热衷的仕途，在无意义的内卷里消耗生命。刘伶厌恶司马氏祸乱朝纲，却又知道自己无力改变现状，不能对抗，干脆就躲了起来。听从内心的声音，醉心于美酒与竹林，自由自在地过一生，难道不好吗？

我们可以假设一种可能性：在一个相对政治清明的时代，刘伶就算不会汲汲于朝堂上的功名，也能施展平生所学，在地方上为百姓做点事吧？然而，历史没有留下这种可能性的只言片语，或许，在刘伶的灵魂深处，"修齐治平"的崇高梦想早就化为泡影了，只有"躺平"才能映照他的精神本色。这是读书人的幸运还是不幸？恐怕也只有他自己最清楚，外界的揣测与评价，在他心里留不下半点痕迹。

《古今刀剑录》：
上古神器传奇

《古今刀剑录》据传是南朝道士陶弘景所著[1]。书中记录了大量上古帝王的名剑信息，笼罩着一层神秘的面纱，但其记述多为孤证，很难考证其真实性。

今人能读到此书，有赖于《四库全书》的收录，但连清朝人都质疑其内容的真实性：

> 是书所记帝王刀剑，自夏启至梁武帝，凡四十事；诸国刀剑，自刘渊至赫连勃勃，凡十八事；吴将刀，周瑜以下凡十事；魏将刀，钟会以下凡六事……虽文字小有同异，而大略相合。则其来已久，不尽出后人赝造。

若不当成历史来读，而将其看成古人想象的上古神话，《古今刀剑录》还是很有阅读价值的。《古今刀剑录》开篇就说：

> 夫刀剑之由出，已久矣，前王后帝，莫不铸之。但以小事，记注者不甚详录，遂使精奇挺异，空成湮没。慨然有想，遂为

---

[1] 陶弘景是南朝齐、梁时期的道教学者、炼丹者，在历史上的形象很神秘，因而后世不少神秘文化著作都假托陶弘景所作。假借古代名人来增加作品的"权威性"，是古代典籍历史上的常见现象。

记云。

我们或许无法确知先秦时代的刀剑模样，却可以知道唐宋之后的古人眼中的先秦时代的刀剑模样。这正是阅读此书的趣味所在。

"夏禹子帝启，在位十年。以庚戌八年，铸一铜剑，长三尺九寸，后藏之秦望山腹。上刻二十八宿，文有背面，面文为星辰，背记山川日月。"——夏启之后，再无禅让，开启"家天下"的历史，其历史知名度确实很高。但至今没有任何夏启的考古实物出土，自然也无法考证书中的夏启铜剑的真实性。

"孔甲[1]，在位三十一年。以九年岁次甲辰，采牛首山铁，铸一剑，铭曰'夹'，古文篆书，长四尺一寸。"——不难看出，这就是后人想象的东西。孔甲是夏朝后期的王，现今尚未发现夏朝文字，更不可能有什么篆书。这里提到的牛首山，应该不是今天南京附近的牛首山，而是《山海经》里那座神秘的牛首山。孔甲铁剑之论，应只能算是神话传说。

"武丁，在位五十九年。以元年岁次戊午，铸一剑，长三尺，铭曰'照胆'，古文篆书。"——此处商王武丁的在位时间，倒是与《竹书纪年》的记载一致。但照胆剑之说，也没有信史凭据。

"秦始皇，在位三十七年。以三年岁次丁巳，采北祇铜，铸二剑，名曰'定秦'，小篆书，李斯刻。埋在阿房宫阁下，一在观台下。长三尺六寸。"——秦始皇的宝剑，据说被埋在阿房宫下面，后来也失传了。

---

[1] 孔甲，夏朝第十四代君主，《史记》有记载："帝孔甲立，好方鬼神，事淫乱。"此处"方"为"仿"的通假字，是说孔甲很喜欢模仿鬼神之事，行为不堪。夏朝在孔甲时期走向衰落。

"前汉刘季,在位十二年。以始皇三十四年,于南山得一铁剑,长三尺,铭曰'赤霄',大篆书。及贵,常服之。此即斩蛇剑也。"——刘邦斩白蛇起义,本来就是传说,很有可能是刘邦集团为了增加自身统治合法性而编造的故事,类似那些帝王都要给自己编一个很神秘的出身。从考据的角度来看,刘邦斩蛇之剑,也是缺乏信史凭据的。不过,比陶弘景更早,西汉刘歆在《西京杂记》中,曾记录这把宝剑的信息,这让斩蛇剑有了更多的传说色彩:

> 高祖斩白蛇剑,剑上七彩珠九华玉以为饰,杂厕五色琉璃为剑匣。剑在室中,光景犹照于外。与挺剑不殊。十二年一加磨莹,刃上常若霜雪。开匣拔鞘,辄有风气,光彩照人。

汉代的皇帝基本都有自己的宝剑。比如汉武帝刘彻,"以元光五年,岁次乙巳,铸八剑,长三尺六寸,铭曰'八服',小篆书。嵩、恒、霍、华、泰山五岳皆埋之"。汉光武帝刘秀,"未贵时,在南阳鄂山得一剑,文曰'秀霸',小篆书。帝常服之"。汉明帝刘庄,"以永平元年,岁次戊午,铸一剑,上作龙形,沉之于洛水中。水清时,常有见之者"。

汉末三国名人,也有名剑傍身。曹操有孟德之剑,"以建安二十年,于幽谷得一剑,长三尺六寸,上有金字,铭曰'孟德'。王常服之"。如今,安阳曹操高陵已经出土了大量陪葬品,包括刻有"魏武王常所用挌虎大戟""魏武王常所用挌虎大刀""魏武王常所用挌虎短矛"字样的三块珍贵石牌,可见曹操生前用大戟、大刀、短矛等武器,可偏偏没有《古今刀剑录》里的这把孟德之剑。或许,这把剑只是古人想象的产物。当然,也不排除宝剑早已被盗走的可能性。

刘备则比较特别,"以章武元年,岁次辛丑,采金牛山铁,铸八剑,各长三尺六寸。一备自服，一与太子禅，一与梁王理，一与鲁王永，一与诸葛亮，一与关羽，一与张飞，一与赵云"。看来，刘备不像其他帝王那样高高在上，很有分享精神，宝剑也要打造八把，分给孩子和忠臣。

"吴王孙权，以黄武五年，采武昌铜铁，作千口剑，万口刀，各长三尺九寸。刀头方，皆是南铜、越炭作之，文曰'大吴'，小篆书。"《古今刀剑录》还写道，孙权得到了韩信当年的宝剑，将它赏赐给了周瑜——"又赤乌年中，有人得淮阴侯韩信剑，帝以赐周瑜。"在此，《古今刀剑录》作者犯了一个低级的历史错误：孙权使用赤乌这个年号，是从238年到251年，而周瑜早在210年就死了。陶弘景距离三国时代不算太远，学问很大，不太可能出现这样的错误。这更加说明现存的《古今刀剑录》有可能是后人假托陶弘景之名所著。

五胡十六国时期的一些割据政权的帝王，也有佩剑。比如前秦苻坚，"以甘露四年，造一刀，用五千工，铭曰'神术'，隶书"；后燕慕容垂，"以建兴元年，造二刀，长七尺，一雄一雌，隶书。若别处之，则鸣"。

《古今刀剑录》也有记载，帝王佩剑，将相用刀。比如，名将黄忠，"汉先主定南郡得一刀，赤如血，于汉中击夏侯军，一日之中，手刃百数"；邓艾的宝刀也很传奇，"年十二，曾读陈太丘碑，碑下掘得一刀，黑如漆，长三尺余。刀上常有气凄凄然，时人以为神物"。

《经行记》：
一个唐朝人的非洲之旅

大唐天宝十载（751年），处于巅峰阶段的唐朝和大食帝国及其中亚联军在怛逻斯城[1]发生激战，双方军队各有胜负，最后大食以较小的优势战胜高仙芝率领的唐军。这场处于两国边境一带的战争，在当时并没引起太大的影响；即使以今天的历史眼光看，怛逻斯之战也算不上一场特别重要的战争，只不过因交战双方身份的特殊性，才吸引了一些史学家的目光。

事实上，怛逻斯之战对唐朝经营西域的战略影响不大，毕竟，当时的中央政府对地方还有很强的控制力。据史学家白寿彝考证，唐朝与大食的关系也没因此受到太大影响，大食向唐派遣使者的传统仍延续了下去。白寿彝根据《册府元龟》[2]中的史料，发现从唐高宗永徽二年（651年）起，大食开始派使臣访问大唐，在唐玄宗开元、天宝年间使者往来次数最多，一直到唐德宗贞元十四年（798年），两国仍有来往。

不过，很多人没注意到，在怛逻斯之战后，一个叫杜环的唐朝人做了大食的俘虏。此后，他游离中亚、西亚和北非十余年，并写下了传奇之作《经行记》，这有可能是中国人最早游历非洲的记录。这部书的全貌，我们

---

1 怛逻斯城，在今哈萨克斯坦塔拉兹城，是古代丝绸之路上的重要城市。大唐与阿拉伯帝国在此发生的战争，史称达罗斯之战。

2《册府元龟》是宋朝带有政事历史百科全书性质的史学类书，"册府"乃帝王藏书之所，"元龟"也就是体形较大的乌龟，象征占卜。《册府元龟》知识含量丰富，为后世提供了大量历史的镜鉴。

已经看不到了，但其中的只言片语，被史学家杜佑收录在《通典》中，后经过王国维整理成书。从中可知杜环游历西方多达13个国家，依记叙顺序分别是：拔汗那国[1]、康国[2]、狮子国[3]、拂菻国[4]、摩邻国、大食国[5]、大秦国[6]、波斯国[7]、石国[8]、碎叶国[9]、末禄国[10]、苫国[11]。

这些国名显然都是古称，其中康国、大食国、大秦国等为世人所熟知，但有些国家即使在今天，也少有中国人到访。尤其是杜环最远走到了哪里，向来充满争议，诸多学者、史家进行细致考证后，也很难得出一个明确的结论。

后人称杜环是旅行家，但在当时看来，杜环的游历实在跟今天所谓的"旅行"画不上等号。杜环的西方之旅，首先是被动开始的，而在751年到762年这期间的游历，也不是为了去欣赏异域风光，而是跟着大食军团做考察。与常识相悖的是，《经行记》中记录诸国的顺序，并不是按照自东向西来叙述的，这到底是杜环原书设定的叙述顺序，还是后来不同学者的整理版本造成的问题，就很难考证了。

---

1 中亚古国，即今中亚费尔干纳地区。

2 西域三十六国之一，在今新疆西北部。

3 在今斯里兰卡。

4 即东罗马帝国。

5 即阿拉伯帝国。

6 即罗马帝国。

7 在今伊朗一带。

8 西域古国，昭武九国之一，在今乌兹别克斯坦一带。

9 即碎叶城所在地，在今吉尔吉斯斯坦托克马克市附近。

10 即木鹿，在今土库曼斯坦的马雷城。

11 大致位于今叙利亚一带。

如果按照地理顺序，应该以碎叶国、康国等地为叙述起点，以地处非洲的摩邻国为叙述终点，中间一块则是地域辽阔的大食帝国。但不排除还有一种可能：杜环根本不是按照自东向西的顺序完成这段行程的，毕竟，这中间有超过十年的漫长光阴，杜环很可能在中亚与西亚之间的土地上反复行走，甚至不止一次踏上非洲的土地，由此才能对这些地方十分熟悉。

因为杜环留给后世的记录实在太少，后世并不清楚他在阿拉伯世界到底做了哪些事，其中有哪些神奇的故事，他自己的思想变化如何……诸多细节没保留下来，实在遗憾。从目前留下的《经行记》来看，杜环对西方诸国的描述是客观式的，几乎没带入个人情感，这也符合自《山海经》以来的关于地理记载的书籍的叙述习惯。但杜环毕竟是以战俘的身份开始这段异国岁月的，难道他没有过情感变化？难道他没有遇到过交往上的困难？难道他的记载只是为了向遥远的故国呈现一个博物志式的文本？

对这些问题，只能从文本的细节里寻找端倪。《经行记》中记载最详细的当数大食帝国，当时大食正处于阿拔斯王朝时期，中国典籍称之为"黑衣大食"。阿拔斯王朝国土十分辽阔，囊括了中亚的大多数地区，并占据了北非东部和地中海东岸，西部与东罗马帝国接壤，东部直接与唐朝接壤。在杜环的记录中，对大食帝国的地理气候、风土人情都有着简单勾勒。

其中讲道："郛郭之内，里阇之中，土地所生，无物不有。四方辐辏，万货丰贱。锦绣珠贝，满于市肆；驼马驴骡，充于街巷。刻石蜜为卢舍，有似中国宝舆。"可见，此时的大食帝国物产丰富，有丰富的经济活动。

后面的记载更让人震惊："绫绢机杼，金银匠、画匠，汉匠起作画者，京兆人樊淑、刘泚；织络者，河东人乐还、吕礼。"《通典》所保留《经行记》原本中的内容，大概是杜佑认为最精华的内容，而在少数保留内容里，留下了樊淑、刘泚、乐还、吕礼这四个人的名字，实在令人惊奇。

这说明，在杜环西行的时候，或者说在杜环之前，就已经有中国的工匠在大食生活，足见当时中西交流之密切。当然，这四个人是自愿迁徙至此，还是和杜环一样是从军后的战俘，就不得而知了。根据学者张一纯在《经行记笺注》中的考证，不同史学家观点各异，争论点有这四个人真实的姓名，更在于他们的身份。因为他们来大食的原因出于自愿还是被动，也与当时唐朝和大食国力相关。但不管怎么说，杜环记下他们的名字、故乡和职业，说明这些人对他很重要，甚至是一起生活过的伙伴，否则杜环不可能将他们的故乡弄得这么清楚，也不可能让他们成为《经行记》里唯一露脸的中国人。

现代人常低估古人的迁徙能力，也低估了古人对整个世界的了解程度。在开放的盛唐，有中原人到访遥远的西方，这并不让人惊奇。最晚在汉朝，中国人就已经知道了罗马帝国的存在。唐朝人对世界的认识远超前代，不仅对南亚和东南亚的地理有了全面的认识，对地中海沿岸的情况也有了更清晰的了解。

从唐朝的地理疆域来看，在杜环被俘的那一年，唐朝国土的西端已经超过巴尔喀什湖，并有向西北延伸的趋势；而在唐高宗时期，唐朝疆域达到极盛时，西北方向最远达到咸海一带，并设有濛池都护府加以管辖。而在古代人口迁徙中，流动能力最强的就是商人和军队，甚至商人更胜一筹，既然唐朝的疆域如此辽阔，其中一部分商人前往地中海地区经商、考察，也并非没有可能。也就是说，杜环只是有记载的到达地中海南岸的首个中国人，但可以想象，在他之前，已经有一些中国人的足迹踏上了那片遥远而神秘的土地。

杜环在非洲的足迹，基本记录在《经行记》中对摩邻国的记载中。摩邻国到底在哪里，历来争议很大，保守观点认为它在今天的北非东部和北非北部一带，尤其是埃塞俄比亚、厄立特里亚一带，当时这块地区最强大的国家是阿克苏姆王国[1]。《经行记》对摩邻国的记载只有寥寥几笔，包括其大致位置和当地物产和风貌：

> 摩邻国，在秋萨罗国西南。渡大碛，行二千里至其国。其人黑，其俗犷，少米麦，无草木，马食乾鱼，人食鹘莽。鹘莽，即波斯枣也。瘴疠特甚。

此处所说的秋萨罗国，是位于印度次大陆上的一个国家，"大碛"是大沙漠的意思。显然，从印度穿过阿拉伯半岛上的沙漠地带，才能到达摩邻国，因此它位于非洲，是没有争议的。而此处说的"二千里"，即使保守估计，从印度向西算起，到埃及一带也是没问题的。但问题的关键是，"二千里"可能只是这个国家东部边界的位置，至于其西部边陲与核心地带在哪里，杜环并没说清。

但杜环的确踏上了摩邻国，而且他很可能是跟随阿拉伯军队一同出征的，因为当时的摩邻国应该还没纳入阿拔斯王朝的统治范围。学者许永璋在《摩邻国在哪里？》一文中曾详细考证了摩邻国在今天摩洛哥的可能性，北非西部的地理风貌和文献中的摩邻国确实非常相似。但如果摩邻国真的是阿克苏姆王国，又为何记载中还有"少米麦，无草木"这样的内容？

埃塞俄比亚并非荒芜之所，热带草原气候造就了当地较好的农业生产条件，人类最早发源地很可能就来自这片区域；至于"无草木"，意思是这片区域全是沙漠，显然这不符合埃塞俄比亚的实际情况。即使在 8 世纪，如

---

[1] 阿克苏姆王国，存在于约 100—940 年的北非国家，位于今天的厄立特里亚和埃塞俄比亚北部。

果当地生产条件如此低下，也不可能造就一度强大的阿克苏姆王国。更关键的是，如果摩邻国不属于阿拔斯王朝，那么它最有可能的还是位于更西方的柏柏尔人活动区域，大致位于今天的摩洛哥、阿尔及利亚一带。

不管怎么说，杜环对摩邻国有比较全面的认识，也让唐朝人的足迹延伸到了非洲大陆。此后，杜环在762年坐商船经海路返回广州，重新回到故乡，结束了这段传奇的经历。然而，在古代中国，即使是开放的盛唐，也不会对万里远行的探险家有太多高评价，更何况杜环曾经做过大食的俘虏，在异国他乡漂泊的苦楚与寂寞，其中无数复杂的经历和传奇的故事，并没引起身边人太大的兴趣。

事实上，从汉代到唐代，史书上对遥远异国的记载都不太详细，只是寥寥几笔，便勾勒出想象中的全貌。在以"天下"观念理解整个世界的古人看来，异国的价值主要体现在朝贡和商贸往来上，只要对方派遣使者来访，不管它远在何方，还是近在咫尺，都会被纳入"天下"的秩序中。[1]

有趣的是，或许连杜环自己都没想到，他留下的只言片语竟然成为后世了解中国外交史的重要文献，而他那段传奇的西行经历，也因记载稀少、文献匮乏，无法给后世提供更多的细节。这不能不说是一个遗憾。但如果杜环没有随军出征怛逻斯，也就不会有后来的传奇经历，而这些都与盛唐强大的国力与军力有关。其中因因果果、是是非非，正如非洲沙漠中卷起的漫天黄沙一般，早已消失在无边无际的苍穹之下。

---

[1] 耐人寻味的是，这个"天下"的秩序中既包括那些被中原王朝征服过的大小邻国，也包括那些国人并不熟悉，乃至不甚了解的遥远国度。不论是罗马之于汉朝，还是大食之于唐朝，其中关系之复杂，并不能用今天的国际关系视角来审视。在民族国家概念产生之前，文化价值理念主导的"天下"观念超越了民族的边界，它增强了中原王朝的内在向心力，但也让其统治边界变得模糊不清，其中利弊得失，不只是体现在国家版图上，更体现在国民对世界、对历史的想象中。杜环的经历太过传奇，甚至在当时显得太荒诞不羁，他得不到主流话语的认同，也就在所难免。

《稽瑞》
与古代的祥瑞

唐人刘赓编撰的《稽瑞》，收集了大量祥瑞之事[1]，是罕见的古代祥瑞掌故的集大成者，中华书局曾在1985年出版过此书，之后暂未有新的单行本。

祥瑞在中国历史上多次出现。比如，上古圣王尧舜时代，就时常有奇异的天文现象："景星或如半月，或如星中空或如赤气，先月出西方。故曰天见景精，明王出。号令合人心，制礼合人意，则见星于晦朔，助日光也。尧时出翼，舜时出房，景德也。其状无常，有道之国王者无私之应也"，这可谓"尧星出翼，舜龙负图"。

再如，《华山骏鹿，湘洲鹦鹉》一节，收录了《汉书》里的记载："成帝元封元年用事于华山，至中岳，获骏鹿。"又有《宋记》记载："文帝元嘉二十一年，湘洲献白鹦鹉，诏群臣并为赋。"

在《兔何为白，兔何为赤》一节里，有关于白兔、红兔的祥瑞记载。这部分先援引《东观汉记》的记载："光武建武十三年，越裳献白兔。"又引述孙氏《瑞应图》里的说法："赤兔，瑞兽，王者德盛则出。"

---

[1] 祥瑞，就是古代的吉祥事物、迹象。古代有天人感应之说，认为自然变化与世道伦常有一定关系。如果天降祥瑞，便是吉兆。如果能出现这类吉祥事物，就会"证明"皇帝是有德之君，得到了上天的祝福与赏赐。因此有些帝王为了增加自己的统治合法性，会"制造"祥瑞事件。一些人为了邀功，也会拿出"祥瑞"，比如特别大的稻穗、鹦鹉、麒麟之类的神奇生物。祥瑞现象本质上是一种古代帝王的统治术。

又有"白鹿千岁，飞菟万里"之祥瑞，《稽瑞》有言："飞菟者，神马之名，日行三万里。夏禹治水，勤劳历年，救民之灾，天其应德而飞菟来。"

祥瑞之事，往往是人的观念对于自然现象的阐释和附会。在科技不发达的时候，人们无法理解各种奇异的自然现象，不论是星辰移变还是怪异动物，都让古代先民感到不可思议，却又拿不出一套科学的解释。但是，古人又利用这种带有神秘色彩的事物，对人间的各种行为进行约束。

比如，当帝王失德时，就会有天象警示；而贤明帝王励精图治的时候，也会天降祥瑞，也是其执政合法性的某种佐证。如此一来，祥瑞就不仅是一种吉兆，还是一种社会观念的特殊呈现方式。

《稽瑞》里还有关于某些奇禽异兽的记录。《胡为驺牙，胡为角端》一节有言：

> 角端，兽也。日行八千里，能言语，晓四夷之音。明君圣主在位，明达外方，德被幽远，则奉书而至也。

祥瑞角端在《稽瑞》成书之后也出现过。细读蒙元史，就会发现在成吉思汗西征时，曾出现过一次角端事件。《元史·列传第三十三》有耶律楚材、粘合重山、杨惟中三人的合传，但主要讲耶律楚材的生平。

据其记载："甲申，帝至东印度，驻铁门关，有一角兽，形如鹿而马尾，其色绿，作人言，谓侍卫者曰：'汝主宜早还。'帝以问楚材，对曰：'此瑞兽也，其名角端，能言四方语，好生恶杀，此天降符以告陛下。陛下天之元子，天下之人皆陛下之子，愿承天心，以全民命。'帝即日班师。"[1]

耶律楚材在角端事件里扮演了非常重要的角色。成吉思汗选择结束西征花剌子模，与此事有直接关联。表面上看，是成吉思汗相信上天的旨意，听取了耶律楚材的班师建议，但从其实际情况来看，虽然蒙古大军成功击败花剌子模，但其劳师远征多年，将士疲惫不堪，且远离蒙古故土，十分需要休养生息；而且，蒙古的世仇金国，以及多次激怒成吉思汗的西夏，此刻都还没被灭掉，还在与蒙古激烈对抗。从长远的战略目标来看，成吉思汗也不得不班师了，而角端事件不过是增加其班师合理性的说辞而已。

---

[1] 成吉思汗西征末期，已经快打到印度了，士兵都很疲惫，且难以适应印度的炎热气候，这是成吉思汗班师回蒙古草原的直接原因。

《独异志》
与唐代志怪故事

对于奇闻逸事，古人也有很强的好奇心。记录这些历史传说与民间故事的书，多为文人笔记和志怪小说。唐人李亢编著过一本《独异志》，对包括唐代传奇在内的一些历史故事，有比较详细的收录。《独异志》最初有10卷，后来大多散佚，流传至今的只有3卷。考察其中故事，也能窥见古人的内心世界。

《独异志》开篇就说："《独异志》者，记世事之独异也。自开辟以来迄于今世之经籍，耳目可见闻，神仙鬼怪，并所摭录……愿传博达，所贵解颜耳。"李亢的意思很清楚，盘古开天地以来的各种光怪陆离的历史故事，他都想搜罗在一起，分享给读者，这或许还能增长人的见闻，增加生活的乐趣。不过，在今天看来，《独异志》里的不少内容都比较简单，大多是一两句话就讲一段历史，而且史料背景比较清楚，这反而没有太大的阅读障碍，甚至可以由此尝试对书中记载做简单考证。

"刘曜字永明，须百茎，皆长五尺。"——十六国时期的汉赵皇帝刘曜，在正史记载里，也是人高马大，须发很长。《晋书》有对刘曜早年情况的详细记载：

> 身长九尺三寸，垂手过膝，生而眉白，目有赤光，须髯不过百余根，而皆长五尺。性拓落高亮，与众不群。读书志于广览，不

精思章句，善属文，工草隶。雄武过人，铁厚一寸，射而洞之，于时号为神射。尤好兵书，略皆暗诵……自比乐毅、萧、曹，[1]时人莫之许也。

九尺三寸的身高，换成今天的尺寸，大概是2.2米，而且刘曜文武双全，不仅力量惊人，箭术高超，能射穿一寸厚的铁板，还像诸葛亮一样自比乐毅之类的古代名人。或许正因为刘曜的外形和事迹太不平凡，才让后人觉得他应该会有又浓又长的胡须，强壮威猛，很有男子气概。李冗将刘曜的民间形象记录下来，也增加了刘曜奇异特征的知名度。

"汉中山靖王胜，有男女一百人，其后子孙流衍于今，问之，皆刘裔。"——这段历史，后人就很熟悉了，这要归功于《三国演义》对刘备家世故事的演绎。刘备是否真的是那位繁殖力很强的中山靖王刘胜的后人，恐怕很难考证了。但刘胜子孙众多也是真的，刘备自称是其后人，在当时也足以获得称王称帝的合法性了。

"汉昌邑王贺即位二十七日，积恶凡一千四百二十七条，为霍光所废。"——刘贺的故事，因近年海昏侯墓被发掘而知名。其实，刘贺本来就是古人讲述的历史故事里的常客，因为他短暂的在位经历和传奇故事，很早就是民间津津乐道的历史人物。[2]

对此，苏东坡写过一篇《霍光疏昌邑王之罪》，也进行了质疑：

---

[1] 此处指乐毅、萧何、曹参，都是历史上的名臣良相、良将。

[2] 后世多言刘贺在位二十七天，干了上千件坏事，起源可能就在这里。这显然是有悖常理的，更像是民间附会的说辞，甚至就是霍光故意损害刘贺声誉而制造的噱头。

以吾观之，其中从官，必有谋光者，光知之，故立、废贺，非专以淫乱故也。二百人方诛，号呼于市，曰："当断不断，反受其乱。"此其有谋明矣。特其事秘密，无缘得之。着此者，亦欲后人微见其意也。武王数纣之罪，孔子犹且疑之。光等疏贺之恶，可尽信耶？

苏轼的疑问，很有道理。当时跟随昌邑王刘贺去京城继位的人，有两百多个，后来几乎都被霍光杀了。这并非归咎于刘贺是昏君，而是他在与霍光斗争中失败，手下的人想夺取霍光的权力却被反杀，刘贺也被迫从皇帝位子上下来，最后被贬为海昏侯。当年孔子都质疑周武王列举的商纣王的大量罪名，刘贺罪名如此之多，确实显得很不合常理。

"项羽每叱咤，万人手足皆废。"——这明显是很夸张的说法，不过，项羽很可能是正史记载里个人武力值最强的人了，不仅能以肉身举鼎，还能在数次残酷战争中身先士卒，毫发无损，甚至在绝境中还能手刃汉军数十人。或许是项羽的武力太强悍，故事太传奇了，所以唐人也喜欢演绎他的神勇事迹。

"谢灵运临刑，剪其须施广州佛寺。须长三尺，今存焉。"——谢灵运胡须之谜，与唐人刘餗在笔记小说《隋唐嘉话》里的记载正好互为验证。《隋唐嘉话》有言："谢灵运美须，临刑施南海祇洹寺[1]，为维摩诘须，寺中宝惜。中宗时，安乐公主五日斗百草，遣人取之，仍剪弃其余。"两条史料合在一起，便还原了一个比较清晰的故事：谢灵运因卷入谋反，被宋文帝刘义隆杀害于广州。临死之际，谢灵运把长胡须捐献给南海祇洹寺，三尺胡须贴在维摩诘像上，保存了数百年。后来安乐公主剪去一半，又不想让其他

---

[1] 南海祇洹寺，具体地点已经不可考。有说在广州，也有说在荆州。

人占有这宝物，竟然把剩下的胡须也毁了。到如今，不仅谢灵运的胡须早就没了，连祇洹寺也早已被毁。

《独异志》里比较有意思的故事，还有不少。比如，"汉成帝赵飞燕身轻，能为掌上舞"，写赵飞燕故事。"唐高开道[1]，箭在脑中，使医凿骨取出镞，与客饮酒，谈笑如常"，写高开道之勇武，不知后世关羽一边刮骨疗毒一边下棋的故事，是否也与之相关。"汉高祖既入关，诸将劫珠玉宝货，唯萧何独收秦格式律令。卒为汉名相，功居第一"，写刘邦听取萧何谏言的故事。关于古墓，《独异志》也有记载，如"曹操无道，置发丘中郎、谋金校尉数十员。天下人冢墓，无问新旧，发掘时，骸骨横暴草野，人皆悲伤。其凶酷残忍如此"，写曹操纵容手下盗墓的事情。还有上古蚩尤传说，也非常奇异："蚩尤是古之帝者，兄弟八十一人。皆铜头铁额，食沙啖石，然卒为黄帝所灭也"，"黄帝斩蚩尤，冢在高平寿长县，高七丈。时人常十月祠之，有赤气如匹绛，时人谓之蚩尤旗"。至于秦始皇陵，《独异志》中的记载不可考证，"项籍开始皇墓，探取珠宝，其余不尽取者，有金雁飞出墓外，为罗者所获"，现在并无证据证明项羽挖开了秦陵地宫，至于地宫飞出大雁，恐怕只是小说家言。

---

1 高开道，隋朝末年义军领袖，以勇猛著称。《资治通鉴》有记载："开道有矢镞在颊，召医出之，医曰：'镞深，不可出。'开道怒，斩之。别召一医，曰：'出之恐痛。'又斩之。更召一医，医曰：'可出。'乃凿骨，置楔其间，骨裂寸馀，竟出其镞。开道奏妓进膳不辍。"高开道可以忍受常人难以忍受的剧痛，侧面反映其勇猛形象。

《岭表录异》：
唐代岭南的奇异美食记录

唐昭宗时的广州司马刘恂，曾写过一本记录岭南风物的《岭表录异》，其中不少有关岭南特色美食的内容，读来令人啧啧称奇。此书在流传过程中已经散佚，明代修《永乐大典》的时候，才辑录出了一些内容，这才让《岭表录异》的珍贵记载重见天日。

刘恂是北方人，到了今天珠三角一带，首先感受到的就是五花八门的海鲜水产。从记录来看，古人能尝到的各种稀奇古怪的美食远远多于今人。比如，在远古时期就存在的海洋生物鲎，在书中叫鲎鱼，"腹中有子如绿豆，南人取之，碎其肉脚，和以为酱，食之"——食用鲎鱼的方法，就是从坚硬的外壳下取出细嫩的肉，与酱料混合，美味极了。刘恂大概是食用过鲎鱼的，用了不少的篇幅来记录这个怪异生物。此外，书中还记录了鳙鱼、鳟鱼、比目鱼等鱼类。

今天很常见的鳄鱼，在书中也有记录："其身土黄色，有四足，修尾形状如鼍[1]，而举止趫疾，口森锯齿，往往害人。南中鹿多，最惧此物。鹿走崖岸之上，群鳄嗥叫其下，鹿怖惧落崖，多为鳄鱼所得，亦物之相摄伏也。"看来，古人也知道鳄鱼非常凶猛，多有畏惧。

---

[1] **鼍**（tuó），扬子鳄的古称。

俗名为大壁虎的蛤蚧，在唐代也是岭南人的食材。只是，蛤蚧不会端上寻常人家的餐桌，而是一味中药材。"里人采之，鬻于市为药，能治肺疾。医人云，药力在尾，不具者无功。"有中医认为蛤蚧有治疗哮喘和延缓衰老的功效，看来在唐代，古人已经有了类似的认识。

今人仍十分爱吃的生蚝，在书中也有不少记录。"蚝即牡蛎也。其初生海岛边，如拳而四面渐长，有高一二丈者，巉岩如山。每一房内，蚝肉一片，随其所生，前后大小不等。每潮来，诸蚝皆开房，见人即合之……肉大者，腌为炙；小者，炒食。肉中有滋味，食之即能壅肠胃"——珠三角海岸沿线，多养殖生蚝。不同季节和地段的生蚝虽然大小不同，却都很美味。特别是在潮水丰满的时候，一个个生蚝都张开了嘴，露出诱人的蚝肉，有的可以腌渍，有的可以炒菜。不论生腌还是炙烤，都能散发独有的鲜美气味，让食客吃得肚子圆鼓鼓，好不快活。刘恂能这样仔细地记录生蚝的做法与味道，或许也对这珍馐回味无穷吧。

还有蜈蚣、水母、蜜蜂、两头蛇等物，都是唐代岭南的怪异美食。只是其味道，恐怕远远没法跟生蚝、鳟鱼之类的相比。

讲到物产，刘恂还提到，海南没有马，只有黄牛，而且骑牛者的行进速度未必缓慢。（"琼州不产骡马，人多骑黄牛，亦饰以鞍鞯，加之衔勒。可骑者，皆自小习其步骤，亦甚有稳快者。"）孔雀、犀牛、鹧鸪、猫头鹰等物，在书中亦有记载。

如今在海南岛常见的椰子树，竟也成了刘恂眼中的神奇之物："结椰子大如瓯杯[1]，外有粗皮如大腹，次有硬壳，圆而且坚，厚二三分。有圆如卵

---

[1] 瓯杯是煮茶的重要道具，瓯是一种开口较小的酒器，古人常用瓯来喝茶、饮酒。

者,即截开一头,砂石磨之,去其皴皮,其斓斑锦文,以白金涂之,以为水罐子,珍奇可爱。壳中有液,数合如乳,亦可饮之,冷而动气。"从记录来看,刘恂对椰汁的口感难以忘怀,那种清凉可口的感觉铭刻于心,甚至连椰子的外形也看起来很可爱。

唐代岭南气候炎热,还有很多大象。唐人经常捕食大象,甚至还研究出不少食用象肉的方法。刘恂在书中特别提到,"象肉有十二种,合十二属,胆不附肝,随月转在诸肉中"。还有记载,"广之属郡潮、循州,多野象。潮循人或捕得象,争食其鼻,云肥脆,尤堪作炙"。可惜,这十二种象肉具体是什么,到底怎么食用,以及烧烤象鼻的味道,我们已经不得而知了。《岭表录异》留存至今的内容只是原书的一小部分,大量内容都已失传。但从书中只言片语可知,象肉并非唐代岭南人陌生的食材,与吃鱼虾、螃蟹、生蚝、蛇肉一样,并无奇特之处。只是在今人看来,刘恂笔下的怪异食材实在是太多了。

唐人很喜欢大象,除了食用,有时候还会把它当成与赛马一样的玩物。"设舞象,曲乐动,倡优引入一象,以金羁络首,锦襜垂身,随膝腾踏,动头摇尾,皆合节奏",看来,也有一些性情温柔、听人号令的大象,能配合主人跳起舞蹈,为酒宴助兴。

刘恂还记录了一种名为石矩的章鱼,"身小而足长,入盐干烧,食极美"。

还有一种名为鹦鹉螺的海螺,"旋尖处屈而朱,如鹦鹉嘴,故以此名。壳上青绿斑文,大者可受三升,壳内光莹如云母,装为酒杯,奇而可玩,又红螺大小亦类鹦鹉螺壳,薄而红,亦堪为酒器,刳小螺为足,缀以胶漆,尤可佳尚",只是这鹦鹉螺大概不是用来吃的,而是用来观赏、装饰的。

刘恂发现，岭南人很善于"物尽其才"，将各种特产用来改善人们的生活品质，特别是用来烹饪美食。只可惜，还有太多稀见的岭南食材，并没有得到详尽的解释。或许是刘恂当初没有记录，也可能是相关记录湮没在时光长河里了。

《杜工部集》
的沉郁顿挫

《杜工部集》是杜甫一生心血的结晶，岁月跌宕的缝隙里见证了杜甫艰难的一生。但中年之后的苦闷，并没有在青少年时代的杜甫身上出现端倪。

大唐开元十九年（731年），杜甫来到郇瑕[1]，开启了青年时代的漫游。这一年，杜甫19岁，如同初次翱翔于天的飞鸟，见识了更加开阔的世界。与多数年轻的读书人一样，他雄心勃勃，志得意满，渴望做出一番事业，实现儒家文人"修齐治平"的梦想。

杜甫家世优渥，出身于襄阳杜氏，是京兆杜氏的分支。杜甫的远祖，可以追溯到西汉名臣杜周，还有三国名将杜预。杜甫的爷爷是唐朝著名诗人、政治家杜审言。可以说，杜甫的家世足以让他自信满满，不必有太多生活上的压力，可以怡然自得地享受美好的游学时光。

不过，后世对于杜甫的早年岁月，了解得不算多。后世研究者大多将杜甫的文风和形象，定格在安史之乱后，殊不知杜甫的前半生，也有李白那样的飘逸潇洒，也有王维那样的淡然平和，并不总是一副愁眉不展的样子。

杜甫早年的作品，不乏少年壮志和青春激情。"七龄思即壮，开口咏凤

---

[1] 今山西临猗。

凰",说的是杜甫少年天才,7岁就能开口作诗。"致君尧舜上,再使风俗淳",展现的是杜甫崇高的理想——希望君主仁德,天下太平,尽快出现上古先贤描绘的大同社会。这是一个来自少年的幻梦,虽然远离现实,却如同初升的太阳,闪现着耀眼的光芒。这光亮太过刺眼,甚至于后人难以想象,与之迥异的基调和色彩会出现在同一个人身上。

杜甫的高洁志趣,在青年时代就有体现。他来到山东,登上泰山,写下千古名作《望岳》:

> 岱宗夫如何?齐鲁青未了。造化钟神秀,阴阳割昏晓。荡胸生层云,决眦入归鸟。会当凌绝顶,一览众山小。

凛凛浩然之气,溢出纸面。此时此刻的杜甫,登临五岳之首,眺望着远方起起伏伏的山峦,有一种睥睨天下的雄心。

对杜甫来说,新的"历史图景"正在眼前缓缓展开。一个强盛的大唐,一个有光明前途的自己,似乎都是必然的大势。但历史的吊诡之处正在于此,当人们自认为一切可以顺利展延下去的时候,跌宕的岁月就会突然降临。

对杜甫来说,第一次沉重的打击,还不是安史之乱,而是科举落榜。荒诞的是,杜甫并非因为没有才能而落榜,而是朝中有人故意作乱——天宝六载(747年),唐玄宗下旨,只要是"通一艺者",都能到京城参加考试。[1] 这本来是杜甫大展拳脚的机会,但当时的权臣李林甫搞出"野无遗贤"的闹剧,导致应考者全部落榜,杜甫也错失了考取功名的最佳机会。后来,

---

[1] 只要能精通一门学问的人都能获得考试机会,可见当时唐玄宗对人才的强烈渴慕。

杜甫没办法，不得已屈膝于权贵身边做幕宾，甚至被迫流离失所，长期在生死线上艰难挣扎。至于后来的安史之乱，那不仅是杜甫个人的悲剧，也是整个国家和所有人民的悲剧。被卷入历史乱局的杜甫，更加无法掌控自己的命运了。

命运和时代的荒诞和戏剧性，也是杜甫眼中的"历史图景"。只是这图景，不再由他自己描绘，只能被迫面对。因缘际会和人际纽带，在乱局前夜，也显得更加重要了。杜甫被这些因素影响着，与形形色色的人纠缠着，命运也渐渐变得沉重起来。《杜工部集》里有太多杜甫的人生慨叹——国家不幸诗家幸，"文章憎命达"的"规律"也在杜甫身上得到充分体现。

安史之乱后的杜甫，也像当时很多中下层的文人一样，回想起开元时代的繁盛图景而慨叹、悲戚。或许，逝去的青春岁月不会再来，而是成为内心深处久违的畅快体验——天宝三载（744年），杜甫在洛阳遇到了李白，他们一见如故，互相引为知己，还一同去开封、商丘旅行。后来，他还遇到了高适，开启了新的游历。等在齐州再次见到李白的时候，杜甫或许已经感受到命运的无常，依依不舍，却无可奈何。李白向杜甫赠诗："秋波落泗水，海色明徂徕。飞蓬各自远，且尽手中杯"，两人分别后，此生再也没能相见。

"放荡齐赵间，裘马颇清狂"的旅行时光终究是短暂的，颠沛不定的日子，愁苦悲愤的岁月，才是漫长的。天宝十四载（755年），杜甫终于获得了一官半职——一个名为河西尉的小官。杜甫自然是不愿去做那"为五斗米折腰"的事情，"不作河西尉，凄凉为折腰"，既不能实现政治抱负，也不能有一个舒适的创作和研究的生活环境，那不如就离开这充满利益争斗的腌臜之地，去远方寻找更多的人生可能。

如果在太平盛世，杜甫的做法可能没太大问题，毕竟已经有无数前人走过类似的道路。但杜甫万万没想到，大唐由盛转衰的关键事件突然出现——天宝十四载（755年）十一月初九，安禄山起兵，安史之乱爆发了。从此之后，杜甫的诗风，彻底沉郁悲凉，曾经的青春畅想，都成了泡影幻梦。

《杜工部集》写满了人生的悲喜剧，杜甫的作品总与历史变局的宏大性和荒诞感交织在一起。以安史之乱为节点，杜甫和整个大唐历史，都不得不走向一个风雨如晦的时空。

《唐才子传》
里的李贺形象

唐宪宗元和二年（807年），17岁的李贺来到洛阳，准备在科举考试上一展锋芒。尽管他当时很年轻，却早已是名扬天下的神童。《唐才子传》中说他"七岁能辞章，名动京邑"。即便在天才云集的唐代诗坛，这般早慧的人也是寥寥无几。以至于大文豪韩愈都惊叹："若是古人，吾曹或不知，是今人，岂有不识之理？"

此前，韩愈已经见识过李贺的才华。李贺不满20岁，在没有去过边塞、毫无从军经历的前提下，竟然写出一首精彩的《雁门太守行》，其意象、笔法、意境都堪称绝妙：

黑云压城城欲摧，甲光向日金鳞开。角声满天秋色里，塞上燕脂凝夜紫。半卷红旗临易水，霜重鼓寒声不起。报君黄金台上意，提携玉龙为君死。

在洛阳备考期间，韩愈又亲眼见证了李贺的超凡之才。李贺见到韩愈时，随手便写了一首《高轩过》：

华裾织翠青如葱，金环压辔摇玲珑。马蹄隐耳声隆隆，入门下马气如虹。云是东京才子，文章巨公。二十八宿罗心胸，九精照耀贯当中。殿前作赋声摩空，笔补造化天无功。庞眉书客感秋蓬，谁知死草生华风。我今垂翅附冥鸿，他日不羞蛇作龙。

这是极佳的"见面礼"，不仅开篇就给足了韩愈面子，同时也书写了自己的豪情壮志。尤其是"东京才子"和"文章巨公"这对修辞，不仅把韩愈捧为文坛巨擘，也把自己的地位顺便抬高了。

李贺当然有资格自称"才子"。只是，很多才子都会收敛自己的锋芒，尽量低调、谦虚一些。但李贺正处于年少轻狂的年纪，又没吃过仕途上的苦头，在即将到来的高光时刻面前，他就是要高调地展露自己。韩愈对这位狂傲的后生，并没有丝毫责备，反而更加欣赏、钦佩。李贺自我感觉非常好，毕竟他既满腹经纶、才华横溢，又有韩愈等名家的推荐，估计应该能在科举里拔得头筹了。

但生活总是很难一帆风顺，在关键时刻的特殊遭遇，足以让命运变得荒诞。李贺虽有天赐之才，却也难逃多舛命途的伤害。有妒忌李贺者放言，李贺之父名为李晋肃，"晋肃"与"进士"读音接近，出于避讳，李贺就不应该考进士。

显然，这样的说辞是无比荒唐的，韩愈护犊心切，急忙写了一篇《讳辩》，来反驳流言蜚语。这篇文章洋洋洒洒，引经据典，从孔夫子讲到汉武帝，又扯到吕后的名字，甚至直言："父名晋肃，子不得举进士，若父名'仁'，子不得为人乎？"——这已经是非常浅白的道理了。其实，韩愈本来不需要辩护，有常识的人都知道李贺不应该被所谓的父名问题耽误前途。但是李贺最后还是没获得进士的资格（"不得举进士"），只能在痛苦和无奈中离开了京城。

从此之后，李贺性情大变，再也不是那个狂傲不羁的天才少年了。他似乎一夜之间老了几十岁，从朝气蓬勃的年轻人，变成苦闷压抑的中老年人，他的创作风格也越发孤傲、奇诡，如同一个长年抑郁的病人，既不能与这个世界和解，也不能放过自我。他的内心始终在纠结、挣扎着，现实的逼仄空间不断挤压着他，无尽的天穹降下沉重的黑幕，狠狠压向他敏感而脆弱的内心。

李贺与那些落榜文人不同，他知道自己考不上进士，并非是因为没有才华，也不是因为缺乏名家推荐，纯粹是因为才华之外莫名其妙的因素。如果李贺的父亲不叫这个名字，或者没有奇怪的避讳规定，他又怎么会彻底失去考进士的资格呢？李贺无法说服自己接受现实，等待他的只能是看不到希望的未来。

就这样在苦闷中过了四年，到了元和六年（811年），有人推荐他做了奉礼郎[1]，但想在这个职位上建功立业、封妻荫子是不可能的，根本没什么政治前途。李贺勉强接受了现实，但短暂的从政经历，又让他看到官场黑暗，内心越发苦痛、孤独。

在这黑色世界里的唯一光亮，或许就是他结交的几位朋友了。他们大多是寒门书生，虽有才学，却总是怀才不遇，难有施展抱负的机会。其中有个名叫沈亚之的人，与李贺的关系特别好。李贺对待他如同亲兄弟，也希望他能在京城凭借科举一鸣惊人。然而，真实的社会总是残酷的，现实总是令人难以如愿，沈亚之与历史上无数寂寂无闻的读书人一样，也在科举中落榜了。而且，他经济条件不好，没法一直考下去，只能离开京城。

李贺无比伤心，写诗赠言："文人沈亚之，元和七年以书不中第，返归

---

[1] 这只是个从九品的基层小官。

于吴江。吾悲其行，无钱酒以劳。又感沈之勤请，乃歌一解以劳之"——虽然有不少慨叹、伤感之语，但李贺还是在尽量安慰好友："吾闻壮夫重心骨，古人三走无摧捽。请君待旦事长鞭，他日还辕及秋律。"这大概也是李贺能说出的为数不多的乐观之语了。

李贺见身边的朋友一个个离去，也不想继续在京城官场底层继续待下去了，便回到老家，从此不问政事，或游历锦绣河山，或与友人唱和。似乎只有这样，才能让他勉强打起精神，渐渐忘却那些痛苦的记忆。

但是，李贺的身体也渐渐垮了。或许他本来就身体不好，身形消瘦，又在推敲诗文时废寝忘食、呕心沥血，终于透支了身体，年仅27岁便去世了。李贺在身后留下了大量诗文，其中不少作品都是他死前几年写的，越是逼近生命的终点，他的笔触越是冷峻，甚至不避讳死亡意象。这也让李贺的诗歌极具个性，常有阴郁、寂冷的意境，再加上意象繁复多样，呈现之状更像是西方神秘主义风格的油画，而非清冷的中国古典水墨画。

它们虽然是冷色调的，却也是繁杂的，不断重叠、互斥的意象让李贺的诗歌变得更加奇特、诡异。世人称他为"鬼才"或"诗鬼"，这既有创作风格上的评价，也是对他人格特质的定义。只不过，到底是他作品里的"鬼气"摧毁了他的身体，还是他心里的"鬼气"影响了他的创作风格，其中先后与因果，后人已经难以断言。

李贺开始在诗歌里直面死亡，在凭吊或追思古人时，也难掩内心的苦闷。他在为南齐名妓苏小小之墓而题写的诗歌中，笔触非常阴冷：

> 幽兰露，如啼眼。无物结同心，烟花不堪剪。草如茵，松如盖。风为裳，水为佩。油壁车，夕相待。冷翠烛，劳光彩。西陵

下,风吹雨。

苏小小在历史上很可能并不存在,只是流传于民间故事里的美人,与其说她活在氤氲的西湖之畔,不如说她活在历代文人墨客的想象和记忆里。李贺当然也不例外,他不仅是在写苏小小,也是写自己的心境。至于苏小小是否存在,他是否去过苏小小墓,都不重要了。李贺能将奇妙的音乐具象化为生动的文字,能在书房里描绘万里之外的战争场景,就足以证明他超强的想象力与创作力了。如此笔力,非天才而不能为之,李贺就是那个无须证明的天才。只是他的心病越来越重,再也无法支撑他写出更多华美辞章了。

到了二十六七岁的时候,李贺已经处于体弱多病的状态,他再也不是那个写出"男儿何不带吴钩,收取关山五十州。请君暂上凌烟阁,若个书生万户侯"的豪情少年了,凌云壮志终究只是少年的一场幻梦,在绝望的世界里,能苟且地活着已经是难得的"幸福"。李贺的思绪,很像一个历尽世事的老者,在临终之时,回望过去岁月做出的"人生总结"。只是这个原本应该无比漫长的过程,在李贺身上极度浓缩为不到三十年。尤其是他人生的最后十年,是陡然的崩塌,是无穷的噩梦,苦痛像黏稠的血水一般,紧紧裹住孱弱的身体,他再也无力挣脱了。

李贺的早逝,与他长期精神郁郁寡欢有关,也跟他不顾健康地钻研诗文有关。在李商隐为李贺写的小传里,专门提到了他有一个关于"锦囊"的习惯:

> 背一古破锦囊,遇有所得,即书投囊中。及暮归,太夫人使婢受囊,出之,见所书名,辄曰:"是儿要当呕出心始已耳。"上灯与食,长吉从婢取书,研墨叠纸足成之,投他囊中。

《唐才子传》里的记载与之类似，也说李贺很有钻研精神。纵然天才如李贺，也需要长期积累与反复推敲才能写出那些出色的作品。在骑驴之时，在行走之中，他或许会酝酿新的创作题材，或许会琢磨一个意象的使用方法。一篇篇奇诡之作，就藏在锦囊里，生在驴背上……

如此呕心沥血，似乎真的是在与时间赛跑，李贺或许早就意识到生命有限，时光易逝，这才频频反常地透支身体。当然，还有一种可能，就是只有这样，才能对抗无处不在的抑郁感，尽可能地保持内心的沉静。

李贺曾写过一首《苦昼短》，不如《李凭箜篌引》《南园》《马诗》等作品有名，但我却觉得它是李贺一半明亮、一半阴郁的生命写照，是李贺对时光与人生的慨叹和思考：

> 飞光飞光，劝尔一杯酒。吾不识青天高，黄地厚，唯见月寒日暖，来煎人寿。食熊则肥，食蛙则瘦。神君何在，太一安有？天东有若木，下置衔烛龙。吾将斩龙足，嚼龙肉。使之朝不得回，夜不得伏。自然老者不死，少者不哭。何为服黄金，吞白玉。谁似任公子，云中骑碧驴。刘彻茂陵多滞骨，嬴政梓棺费鲍鱼。[1]

没有人能摆脱时间的影响，在飞逝的时光里，谁也不能永葆青春。但我们可以在有限的生命里活出精彩，这样才不算虚度光阴。不必遗憾蹉跎岁月，那些命运不让我们得到的东西，终究是得不到的，不如放手而去，珍惜现在拥有的幸福——不过，虽然李贺饱读诗书，纵览天下大事，安慰别人的时候也能勉强乐观，但他在看待自我时，却总是陷入无穷的苦闷，化不

---

[1] 秦始皇在沙丘驾崩后，李斯、赵高为了掩盖真相，用满车臭鱼来遮盖尸臭。此处讽刺秦始皇、汉武帝追求长生、不惜民力。

开的郁结，让他的精神越发萎靡。

李贺确实有孤芳自赏的一面，但自古文人多狂傲，如此人格不算特别。然而，他的命运和身体底子，又不足以支持他施展抱负，上天赐予他的天赋与才华，反而成了某种可悲的"累赘"。李贺受累于此，却也始终不甘于如此，他是不向命运低头的，但终究还是被命运反噬了。

李贺越是精神抑郁，身体就越不健康，进而内心更加抑郁，造成了恶性循环。或许这对文学创作有点好处，让诗人承受常人难以承受的精神之苦，写出更多深刻的作品，但这却是李贺自己的悲剧，是一场不会醒来的噩梦，是一种无力言说的失败。回望这位"鬼才"的人生，其中的年少豪言也好，愤懑慨叹也罢，最终都是为某种解不开的抑郁做了"背景板"，实在令人唏嘘。

《刘梦得文集》
里的刘禹锡"乐天派"风格

《刘梦得文集》是唐代著名诗人刘禹锡的作品精粹。在这些作品里，不仅有刘禹锡的才情，更有中唐文化的风韵。

世人多将刘禹锡、柳宗元并称，他们可谓中唐诗人的"双子星"，有着相似的仕途轨迹，也有着共同的报国壮志，却因为性格差异，中年之后，境遇大为不同。他们作为"二王八司马"的成员，数十年如一日地失意于朝政，都有着长期被贬谪的经历。但是，柳宗元被贬官后，郁郁寡欢，愁闷难解，身体也出了问题，在47岁那年就撒手人寰了。而刘禹锡心态比较乐观，历尽坎坷却能保持强悍的生命力，一直活到了71岁。

很多人提起唐朝最乐观的诗人，或许会想起贺知章。贺知章确实比那些经常慨叹"文章憎命达"的文人更阳光，但值得注意的是，他也是罕见的幸运儿。他的求学和从政经历可谓一帆风顺，年轻时高中状元，到老也一直顺遂，基本上没遇上过大的挫折，连后来以旷达著称的苏东坡都被贬官过，他竟然幸运地没有贬谪经历。而且，他还是李白的伯乐，唐肃宗李亨的老师，在文坛和政坛都有广泛的人脉。他爱喝酒，爱谈笑风生，自由潇洒，幸福乐观，更加幸运的是，贺知章的生命轨迹与唐朝最繁盛的历史阶段大体吻合，可谓难得的人生造就难得的性格，美好性格又促成了美好人生。

刘禹锡可没这么幸运。除了在21岁就高中进士，算是他难得的"高光时刻"外,他在多数人生阶段都不算顺利。但刘禹锡频频显出的乐观心态,却是恐怕连贺知章都难及的精神高度。可以说,刘禹锡"乐天派"的奋进人生,在唐朝文人里算是独一份。

刘禹锡也曾有着高远的政治理想。805 年,太子李诵继承皇位,是为唐顺宗。李诵重用王伾、王叔文、刘禹锡、柳宗元等人,开启了永贞革新[1],企图削弱宦官和割据藩镇的势力。但是,李诵身体不好,仅仅在位 180 多天,就"内禅"了皇位,没过多久就驾崩了,这场短暂的革新也因此戛然而止。继任者是唐宪宗李纯,他不喜欢刘禹锡等人,将包括他在内的永贞革新的班底成员都赶出了权力中心。刘禹锡与柳宗元,一个被贬为朗州司马,流落到今天的湖南常德,另一个则被贬为永州司马,去了今天的湖南永州。

在当时,这两个地方都远离中原,生存条件很差,还有很多蛮荒之地。刘禹锡虽然有些落寞,却并没有一蹶不振,他一直没觉得自己的施政理念有什么错误,也能清醒地看到,他们被贬谪纯粹属于朝廷政争的结果。很多时候都是"一朝天子一朝臣",前朝旧臣很难被新君接纳,要怪也只能怪唐顺宗寿命太短。但在古代传统观念里,大臣是没有抱怨皇帝的资格的,无论发生了什么,也只能认命。或许正是这种乐天知命的心态,反而让刘禹锡在困境里也能看得开。

刘禹锡也知道,福祸往往是一体两面的,可以随时转化,不必为眼前一时的挫败而沮丧,应该静静等待转机,为将来的变化而做好准备。他在贬谪期间,也与很多文人一样,寄情于山水之间,看到民间百姓的欢乐,他的

---

[1] 永贞革新即二王八司马事件。唐顺宗时期,面对宦官专政、藩镇割据等问题,开始激烈的改革,王伾、王叔文、刘禹锡、柳宗元、程异、凌准、韩泰、韩晔、陈谏、陆质等人被重用,政治风气在一定程度上转好。但仅仅半年多,改革就失败了,唐顺宗被迫将皇位传给太子李纯,刘禹锡、柳宗元等人被贬官,这也在某种意义上促使刘禹锡的诗文创作更有思想深度。

内心也更加充盈。

其间，他写下了脍炙人口的《竹枝词》：

> 杨柳青青江水平，闻郎江上唱歌声。东边日出西边雨，道是无晴却有晴。

看似是在写男女情爱，却有一番明快的基调。或许，刘禹锡在创作之时，内心已是豁达的心态，他不太想去纠结那些曾经失去的东西，也不去想暂时还没得到的东西，平静地享受当下的状态，让自己保持一个乐观的心态，一切顺其自然就好了。

在贬官时期，刘禹锡还是官，只是没有在京城那么"体面"罢了。刘禹锡做官并非为了虚名，而是真心想为百姓做事，他渐渐发现，在朗州照样能施展自己的抱负，无论是劝课农桑，还是教化百姓，都是在给国家做贡献。因此，他更不会抱怨了，毕竟，在基层踏实苦干，也不算虚度光阴。

刘禹锡从来不介意自己所处的环境是否尽如人意，哪怕身处一间陋室，也能安贫乐道。千古名篇《陋室铭》，反映的就是他这样一种心态：

> 山不在高，有仙则名。水不在深，有龙则灵。斯是陋室，惟吾德馨。苔痕上阶绿，草色入帘青。谈笑有鸿儒，往来无白丁。可以调素琴，阅金经。无丝竹之乱耳，无案牍之劳形。南阳诸葛庐，西蜀子云亭。孔子云："何陋之有？"

尽管后世有学者认为，《陋室铭》未必是刘禹锡所作，他在贬官期间也不可能住在简陋的小屋里。但"陋室"未必是现实中存在的房屋，可能只是刘禹锡寄托思考的一个虚拟场所，就像陶渊明笔下的"桃花源"，是心里的虚构之地还是真实存在的秘境，并不是很重要。刘禹锡能够安然地住在"陋室"里，说明他根本不在乎一时的名利得失，只要精神富足，就不怕外界的风吹雨打。

虽然在人生之路上难免会遭遇坎坷，但身处困境，能够想得开，熬得住，也不是所有人都能做到的。刘禹锡在诗中呈现的生活态度，有时像是在安慰同道之人，有时又像是在自表心意。

《酬乐天扬州初逢席上见赠》有言：

巴山楚水凄凉地，二十三年弃置身。怀旧空吟闻笛赋，到乡翻似烂柯人。沉舟侧畔千帆过，病树前头万木春。今日听君歌一曲，暂凭杯酒长精神。

在被贬谪的时光里，没有人不期待能得到君主的赏识尽快回到京城。但如果一时无法如愿，难道就要不断沉沦下去吗？刘禹锡很坚定地说了"不"，并告诉世人，朽烂的老树也有焕发生机之时，怀才不遇的忠臣也能迎来事业的春天。

如其《秋词二首》所言：

自古逢秋悲寂寥，我言秋日胜春朝。晴空一鹤排云上，便引诗情到碧霄。

经过漫长的等待，在元和十年（815年），朝廷终于想起了被弃用已久的刘禹锡，便召他回京。刘禹锡是那种"给点阳光就灿烂"的性格，只要有一丝希望，就会万般努力；只要道路没有断绝，就会竭力前行。他意识到，自己一旦被复用，就有大展拳脚的机会，之前积压很久的政治热情也能发挥出来了。

刘禹锡望着熟悉而又陌生的京城风光，畅想着未来的宏图愿景，不禁得意起来，便写了一首《元和十年自朗州至京戏赠看花诸君子》：

> 紫陌红尘拂面来，无人不道看花回。玄都观里桃千树，尽是刘郎去后栽。

这首诗前半段倒没什么，后半段确实有些得意过头了，还有点嘲讽的意味：怎么样？我刘禹锡又回来了，而且我不在京城的时候，我的影响力还在，其他人还得看我当年留下的政绩……如此"小性子"虽显文人本色，在政治上却是大忌。刘禹锡如此高调的做派，惹怒了一些政敌，有人向皇帝进谗言，要求重罚刘禹锡。

根据唐人孟棨在诗论著作《本事诗》中记载，"其诗一出，传于都下。有素嫉其名者，白于执政，又诬其有怨愤。他日见时宰，与坐，慰问甚厚。既辞，即曰：'近者新诗，未免为累，奈何？'不数日，出为连州刺史"。

果然，刘禹锡又被贬官了，这一次，他本来被贬为播州刺史，要去今天的贵州山区，后来经人说情，改成连州刺史，去了如今的广东清远一带。当时，岭南多瘴气，不比贵州山区的条件好多少，如此遥远的贬谪，可谓凶多吉少。刘禹锡虽然有些不满，但很快也调整了心态，顺从了命运的安排。

刘禹锡应该是非常热爱生活的，对于民间的各种趣事、乐事也一直很有"参与感"，从没把自己当成一个高高在上的官老爷。在刘禹锡的诗文中，有不少咏物、咏史和写人间故事的作品。

比如写老鹰的《白鹰》：

毛羽斒斓白纻裁，马前擎出不惊猜。轻抛一点入云去，喝杀三声掠地来。绿玉觜攒鸡脑破，玄金爪擘兔心开。都缘解搦生灵物，所以人人道俊哉。

也有写秋天的《秋声赋》：

骥伏枥而已老，鹰在韝而有情。聆朔风而心动，盼天籁而神惊。力将痋兮足受绁，犹奋迅于秋声。

还有写老百姓结婚趣事的《抛球乐词》：

五彩绣团圆，登君玳瑁筵。最宜红烛下，偏称落花前。上客如先起，应须赠一船。春早见花枝，朝朝恨发迟。及看花落后，却忆未开时。幸有抛球乐，一杯君莫辞。

还有在历史面前，能够保持冷静与肃穆感的《金陵五题：石头城》：

山围故国周遭在，潮打空城寂寞回。淮水东边旧时月，夜深还过女墙来。

以及更加脍炙人口的《金陵五题：乌衣巷》：

朱雀桥边野草花，乌衣巷口夕阳斜。旧时王谢堂前燕，飞入寻常百姓家。

当从后世的角度阅读这些诗文时，不难想象，一个充满智慧思考的读书人，在面对世事苍凉时，要保持与外界、与自我的彻底和解，并不是容易的事。

自古以来，很多读书人都会因为困难而变得思想深刻、文笔老辣，但终其一生，也只能在纠结与苦闷之间徘徊，很难做到真正的通达。要想人生通达，不仅需要彻底醒悟，更需要内心的平静——刘禹锡似乎毫不费力就实现了这一点，几乎看不到他的纠结或者郁闷。

或许，在他心中始终有着外界无法抹去的自信，以及近乎天生的乐观。刘禹锡不仅让自己的生命变得通透、豁达，也在史册上留下了一位难得的乐观诗人的形象。

在无数后辈读书人的生命体验中，能够通过《刘梦得文集》在某个瞬间与刘禹锡的诗文相遇，未尝不是一件幸事。起码这让我们看到，知识分子并不一定要在苦闷中才能实现人生价值，保持审慎的乐观，或许终会迎来希望之光。

《花间集》
里的温庭筠之才

晚唐著名花间派词人温庭筠，以擅长写闺怨诗著称。五代后蜀赵崇祚编选的《花间集》，收录了不少温庭筠的作品，温庭筠的傲气和才情，在其中得到了淋漓尽致的展现。

读温庭筠的作品，会常有这般感觉：似乎在他心里，总是住着一个情感丰富的女性，有时触景生情，生发慨叹，流露缱绻情思，尽显诗文才情。但与历史上绝大多数文人一样，温庭筠也曾有过"学而优则仕"的梦想。只是囿于现实，他总是郁郁不得志，转而进入花间丛林，活出了另一种人生。

温庭筠的先祖温彦博是唐初的宰相，一度权倾朝野，但到了温庭筠这一代，家族已经没落了。温庭筠在少年时代就展现出非凡的才华，《唐才子传》上说，温庭筠"少敏悟，天才雄赡，能走笔成万言，善鼓琴吹笛"，他在诗文、音乐等方面都很有天赋。

但是，到了能够科举的年纪，温庭筠却屡屡受挫，总是考不上进士。反倒是他帮别人"替考"屡屡成功：

> 才情绮丽，尤工律赋。每试，押官韵，烛下未尝起草，但笼袖凭几，每一韵一吟而已，场中曰："温八吟"。又谓八叉手成八

韵，名"温八叉"。多为邻铺假手。

温庭筠屡试不中，与他过于狂傲有直接关系，可以说，他上了考官们的"黑名单"，纵使他很有才气，却被有话语权的人们认定"品行不佳"，从此背上了恶名，难以得到朝廷垂青。至于其中的具体缘故，则与温庭筠几次得罪权贵有关。

据史料记载，有次在宰相令狐绹的府上，令狐绹听说温庭筠很有才华，就问他一个关于"玉条脱"的典故。这本来是在上司面前表现才华的好机会，但温庭筠却觉得这个问题太低级了，不仅直接告诉令狐绹，此典故并不生僻，出自《南华经》，也就是《庄子》，还暗讽令狐绹学问不行，读书太少。

还有一次，令狐绹觉得温庭筠擅长诗词，就请他代写几首《菩萨蛮》，还让他不要到处声张。但温庭筠不管这些，逢人便说那几首《菩萨蛮》都是自己写的，令狐绹没水平写不出来。这就犯了为人处世的大忌：他要么不帮上司的忙，要帮就帮到底，若帮了忙还得罪了人家，实在不算高明。

客观而言，温庭筠有才情不假，但也实在过于特立独行、放浪不羁，对于世俗礼教不屑一顾。这种做派在风流文人圈里倒也没什么，但在一些严肃刻板的朝臣看来，确实很不靠谱。而且，温庭筠经常说话刻薄，爱嘲讽别人，很难说这是一位具有为政者素养的文人。因此，温庭筠不受各级官员待见，那些比较正直的大臣也不太喜欢他，也就不令人意外了。

温庭筠在考场和官场失意，便转而生出异志，频繁流连于舞榭歌台，彻底放纵自我了。或许这就是他恃才傲物的性格必然导致的命运。温庭筠大概也是认命了，从此寄情于此，虽说在世俗层面上不算成功，却为后世留下了大量婉转动人的诗词。

从心理学上讲,一个男性能够模拟女性身份,从女性视角来表达情绪、书写世界是一个很奇特的现象。多数男性并不具备这样的能力,但这能力背后的潜在意识,却是很多人具备的,只是人们没有契机激发起这一潜能。

或许是年少时代的早慧,让温庭筠过早地感受到世事无常,也对男欢女爱之事格外敏感。他频频出入风月场所,与不同地域、性格和才智的女性接触,更能对两性思维之异同,拥有超出凡人的体悟能力。

瑞士心理学家荣格在阐释人格原型时,曾提出"阿尼玛"(anima)和"阿尼姆斯"(animus)的概念。简单来说,"阿尼玛"就是男性人格和意识中的女性形象,而"阿尼姆斯"正好相反,是女性心中的男性形象。这并非个体的形象,而是一种集体形象,就像荣格提出的集体潜意识,是深藏在人类共有的意识和记忆深处的东西。只不过,很多人没意识到自己心中的"阿尼玛"和"阿尼姆斯",只有温庭筠等少数人有了"雌雄同体"的特殊心理体验。

常人寻找自己的"阿尼玛"和"阿尼姆斯",或许需要通过梦境,但温庭筠可以在头脑清醒的时候,就以内心深处的"阿尼玛"为创作者,模拟女性的身份,写下大量出色的闺怨诗词。

《花间集》收录的温庭筠最知名的作品之一,就有《梦江南》(亦有作《望江南》):

> 梳洗罢,独倚望江楼。过尽千帆皆不是,斜晖脉脉水悠悠,肠断白蘋洲。

精心打扮的女性，斜倚在楼台之上，却等不来自己的心上人。她触景生情，望着落日晚霞，悠悠江水，愁怨更深——这番"断肠人"的缱绻情思，若非亲身体验过，恐怕很难写得如此真实。温庭筠心中的"阿尼玛"，或许已经无数次告诉他，这到底是怎样一种感受了。

温庭筠的闺怨之作集中在五代后蜀文人赵崇祚选编的《花间集》中。比如，开篇就是多首温庭筠的《菩萨蛮》。先有言：

小山重叠金明灭，鬓云欲度香腮雪。懒起画蛾眉，弄妆梳洗迟。照花前后镜，花面交相映。新帖绣罗襦，双双金鹧鸪。

还有这篇：

凤凰相对盘金缕，牡丹一夜经微雨。明镜照新妆，鬓轻双脸长。画楼相望久，栏外垂丝柳。音信不归来，社前双燕回。

温庭筠心中的"阿尼玛"，不仅能写思念夫君的情绪，还能写闺房之乐，连女性梳妆、画眉的细节都能清晰呈现，确实令人称奇。温庭筠出色的花间之作，还有多首《更漏子》：

星斗稀，钟鼓歇，帘外晓莺残月。兰露重，柳风斜，满庭堆落花。虚阁上，倚栏望，还似去年惆怅。春欲暮，思无穷，旧欢如梦中。

《更漏子》中也有写女性思念之情的作品：

相见稀，相忆久，眉浅淡烟如柳。垂翠幕，结同心，侍郎熏绣衾。城上月，白如雪，蝉鬓美人愁绝。宫树暗，鹊桥横，玉签初报明。

甚至连女性百无聊赖、消磨时间的苦闷，都能被温庭筠精准捕捉到：

玉炉香，红蜡泪，偏照画堂秋思。眉翠薄，鬓云残，夜长衾枕寒梧桐树，三更雨，不道离情正苦。一叶叶，一声声，空阶滴到明。

有类似情感的作品，还有这首《酒泉子》：

花映柳条，闲向绿萍池上。凭栏干，窥细浪，雨萧萧。近来音信两疏索，洞房空寂寞。掩银屏，垂翠箔，度春宵。

思君之作，还有《南歌子》：

懒拂鸳鸯枕，休缝翡翠裙，罗帐罢炉熏。近来心更切，为思君。

写"断肠人"纠结心情的作品，还有这首《玉蝴蝶》：

秋风凄切伤离，行客未归时。寒外草先衰，江南雁到迟。芙蓉凋嫩脸，杨柳堕新眉。摇落使人悲，肠断谁得知？

只要有了创作的感觉，温庭筠自然可以轻松地假托女性来书写，并在男女两种性别的身份和视角之间自由转换。

与很多人的刻板印象不同，温庭筠不仅擅长闺怨诗词，也有不少咏史之作。还有更多难以分辨创作者性别的咏物之作，笔触细腻，兼有开阔的视野。

这首《商山早行》便是温庭筠体现两性思维兼备的作品：

> 晨起动征铎，客行悲故乡。鸡声茅店月，人迹板桥霜。槲叶落山路，枳花明驿墙。因思杜陵梦，凫雁满回塘。

这样的作品不局限在男欢女爱的小世界里，而是有着历史感的生命慨叹之作，必要的用典，也显出温庭筠不错的文史修养。

有一次，温庭筠路过五丈原，想起诸葛亮壮志未酬的人生，又想起自己因恃才傲物而终身与仕途绝缘的命运，不禁生出一番慨叹，写下《过五丈原》：

> 铁马云雕久绝尘，柳营高压汉营春。天晴杀气屯关右，夜半妖星照渭滨。下国卧龙空误主，中原逐鹿不因人。象床锦帐无言语，从此谯周是老臣。

他也曾为马嵬坡的故事写下咏史诗《马嵬驿》：

> 穆满曾为物外游，六龙经此暂淹留。返魂无验青烟灭，埋血空生碧草愁。香辇却归长乐殿，晓钟还下景阳楼。甘泉不复重相见，谁道文成是故侯。

温庭筠在词作中，即便书写自然景物，也常带有些愁怨。

如这首《兰塘词》：

塘水汪汪兔嗟喋，忆上江南木兰楫。绣颈金须荡倒光，团团皱绿鸡头叶。露凝荷卷珠净圆，紫菱刺短浮根缠。小姑归晚红妆浅，镜里芙蓉照水鲜。东沟滴滴劳回首，欲寄一杯琼液酒。知道无郎却有情，长教月照相思柳。

还有这首《春愁曲》：

红丝穿露珠帘冷，百尺哑哑下纤绠。远翠愁山入卧屏，两重云母空烘影。凉簪坠发春眠重，玉兔熜香柳如梦。锦叠空床委堕红，飔飔扫尾双金凤。蜂喧蝶驻俱悠扬，柳拂赤栏纤草长。觉后梨花委平绿，春风和雨吹池塘。

值得一提的是，初唐诗人张若虚曾写下千古名篇《春江花月夜》，既婉约又大气，堪称"孤篇盖全唐"。[1] 温庭筠也写过一首类似的诗，丝毫没有闺怨之作的矫揉之态，反而有了一种历史的厚重感。《春江花月夜词》有言：

玉树歌阑海云黑，花庭忽作青芜国。秦淮有水水无情，还向金陵漾春色。杨家二世安九重，不御华芝嫌六龙。百幅锦帆风力

---

[1] 历代学者对张若虚《春江花月夜》普遍有很高的评价。闻一多在《宫体诗的自赎》中称其为"诗中的诗，顶峰上的顶峰"，给出了极高的评价。张若虚《春江花月夜》文辞优美，大气瑰丽，温庭筠的同题作品则更加艳丽华美，婉转动人，二者风格还是有一定差异的。"张若虚版"全文如下："春江潮水连海平，海上明月共潮生。滟滟随波千万里，何处春江无月明？江流宛转绕芳甸，月照花林皆似霰。空里流霜不觉飞，汀上白沙看不见。江天一色无纤尘，皎皎空中孤月轮。江畔何人初见月？江月何年初照人？人生代代无穷已，江月年年望相似。不知江月待何人，但见长江送流水。白云一片去悠悠，青枫浦上不胜愁。谁家今夜扁舟子？何处相思明月楼？可怜楼上月徘徊，应照离人妆镜台。玉户帘中卷不去，捣衣砧上拂还来。此时相望不相闻，愿逐月华流照君。鸿雁长飞光不度，鱼龙潜跃水成文。昨夜闲潭梦落花，可怜春半不还家。江水流春去欲尽，江潭落月复西斜。斜月沉沉藏海雾，碣石潇湘无限路。不知乘月几人归，落月摇情满江树。"

满，连天展尽金芙蓉。珠翠丁星复明灭，龙头劈浪哀笳发。千里涵空澄水魂，万枝破鼻飘香雪。漏转霞高沧海西，颇黎枕上闻天鸡。蛮弦代写曲如语，一醉昏昏天下迷。四方倾动烟尘起，犹在浓香梦魂里。后主荒宫有晓莺，飞来只隔西江水。

可见，温庭筠能在自我人格之间自由转换，绝非仅仅擅长以女性口吻写闺怨的风流文人。温庭筠也曾有过报国的壮志，却受制于自己的性格与外部环境，一辈子都没当上什么大官，还被后世不少人贴上"貌丑而风流""喜欢当枪手"之类的标签，不能不说是相当遗憾的。

温庭筠最后是怎么死的，后世并不清楚。《唐才子传》就写了五个字——"竟流落而死。"临终之时，温庭筠回望一生，是遗憾还是洒脱，是悲愤还是释然，我们不得而知。只是从世俗的角度揣测，不少人并不认为温庭筠是在幸福中离世的，这才落得元朝文人辛文房在《唐才子传》里如此评价。纵观历代诗词名家，兼有豪放与婉约风格者并不少，但像温庭筠这样能在不同性别意识之间自由转换者，却非常罕见。

虽然温庭筠的人生命途坎坷，但在文学史上他却有着举足轻重的地位。或许，正是命运赠予温庭筠"雌雄同体"的人格特质，才让他从小就形成了恃才傲物的性格，这让他难以融入世俗社会，只能在诗词歌赋的世界里展示才华。《花间集》记录的不仅有他的才情，还有文字背后的孤傲——只是，回到温庭筠所在的历史现场，这究竟是幸运还是不幸，恐怕并没有一个定论。

《新五代史》
与贤臣呼告

五代十国是中国古代史上极其混乱的一段历史，不仅因其间乱战不休，帝王将相如走马灯般相继登台又迅速退场，也因这段乱世相对短暂，未能为后世充分了解。学界一般认为，五代十国时期始于907年的朱温灭唐事件，终结于979年北汉灭亡。但如果以赵匡胤发动陈桥兵变、建立北宋的960年来看，五代十国仅持续了五十三年。它是唐宋之间一个非常短暂的历史过程，也是一个动荡不安的时期，除了个别割据政权能保证相对的和平与安宁，其他地区的百姓大多处于痛苦与挣扎中，其混乱程度毫不亚于五胡十六国时期。

如何客观看待这段特殊的历史，成为后世史学家无法回避的一个问题。早在北宋初年宋太祖开宝年间，朝廷就下令编修一套关于五代十国的史书。当时，曾在四朝为官的薛居正，就成了监修五代史的最佳人选——不仅是因为他的学识和地位，更因其特殊的身份与经历：他在后晋、后汉、后周、北宋四个政权都做过官，五代史上的很多人物，他都直接或间接地接触过，很多历史事件，他也亲历或旁观过。

对薛居正来说，他对五代史的熟悉程度与自己的生平事迹相当，对于那时的弄潮儿简直如数家珍。更何况，北宋宰相范质修撰的《五代通录》等史书，为薛居正提供了翔实的史料，可以直接作为蓝本使用。因此，他只花了一年时间就完成了这套五代史的修撰，后世称之为《旧五代史》。

长达一百五十卷的《旧五代史》，将大量笔墨放在五代政权人物的书写上。跟以前的正史体例相似，光梁唐晋汉周五个中原政权的皇帝的本纪就占据了大量篇幅。还有很多列传，分别属于五个朝代各自的史书。对当时的人来说，这套五代史算是比较全面和精致的作品了，而且因为编撰史书的时间距离书写对象很近，很多内容的"现场感"很强，保留了史料的鲜活度。

但是，就是这样一部还算出色的官修正史，却在宋代之后，变得越发边缘，甚至几乎消失在人们的视野中。直到清朝乾隆年间的学者邵晋涵，从《永乐大典》等资料里辑出了这部五代史，才让其部分面貌重现于世人面前，这也让《旧五代史》成为最后一部被列入"二十四史"的史书。即便如此，还是有一些史料永远散佚，渐渐湮灭在了浩如烟海的史书中。

究其原因，在于欧阳修《新五代史》的名气和权威性，远远超过了之前的《旧五代史》。欧阳修的《新五代史》，原名《五代史记》，是"二十四史"里最后一部私人著史，带有明显的个人风格。[1]

我们并不能无视这些批评《新五代史》的声音。这种过于文学化的表达，或许能增加史书的可读性，但真正的思想未必需要寄托在情绪上，而是要通过逻辑的力量来呈现。欧阳修敢于挑战前人的著述，甚至把个人的观念夹杂在历史叙事里，他未必没想过这样做会面对后世的批评。既然如此，欧阳修为何非要写一部新的五代史呢？

欧阳修撰写《新五代史》，确实有其独特的诉求和精神寄托。欧阳修认为五代十国充满了各种违反人伦天道的事情，甚至在帝王家，也有各种兄弟

---

[1] 喜欢《新五代史》者，会十分推崇欧阳修在五代人物和事件上的个人见解与评论，但也有不少批评者，认为欧阳修时常大发议论，常以"呜呼"开篇，凭着个人喜好来臧否人物，用今天的话说，这叫"夹带私货"。晚清学者章学诚就认为，《新五代史》里慨叹和情绪化的内容太多。

相残、父子互害的事情。帝王家带头破坏伦理和秩序，民间更是浑浊不堪。因此，欧阳修认为那些不符合道义的人物和事件，根本不值得大书特书，哪怕是帝王将相，也要对其事迹进行删减和批评。

相比《旧五代史》原本的巨大体量，《新五代史》堪称删繁就简的写作。欧阳修以一己之力著史，自然存在搜集史料、撰写史书上的困难。因此，《新五代史》的内容更加精简，语言更为简洁，还有不少微言大义的内容，堪称春秋笔法。

众所周知，五代之乱，始于唐末乱局，但最关键的一环，还是朱温灭唐。自安史之乱后，唐朝就开始走向衰落，但体量如此巨大的王朝衰落的时间也是异常漫长的。到晚唐时，各地军阀早已不听皇帝的调遣，这也给黄巢、朱温等来自底层的起义军领袖带来了彻底翻身的机会。朱温就是在这个乱局中搏杀出来的枭雄，无论以当时的观念还是后世的眼光来看，朱温其人其行，实在算不上光明磊落。但在传统道德观念彻底崩坏的乱世里，朱温这样的人却能不断逆风翻盘，直到夺取唐朝的天命。

《旧五代史》在叙述朱温发迹的历史时，与之前那些官修史书喜欢神化开国皇帝一样，对其出身和能力有着非常离谱的吹嘘。《旧五代史》说朱温出生时，"所居庐舍之上有赤气上腾"，他家房子上显出奇异之象。少年朱温堪称顽劣之徒，因为家境贫困，他不得不在地主刘崇家干活，靠体力赚得一点生存的机会。但《旧五代史》还是不"放过"对朱温的神化，借助刘崇母亲的话，说朱温"非常人也，汝辈当善待之"，又说有次看见朱温的身体在睡觉的时候变成一条红色的大蛇。显然，这种描述纯属对帝王的刻意神化，是佐证其获得天命的所谓"合理性"。但这样的叙事，在古代确实能让很多人信以为真，即便是出身低微、野蛮粗鲁的朱温，也能披上这层闪着金光的"外衣"。

讲起朱温的故事，欧阳修虽然同为古人，却没有薛居正那么"客气"。他直接删去了上述所有关于朱温奇人异象的内容，还十分辛辣地指出"温尤凶悍"——相比他温文尔雅的大哥朱全昱，朱温简直就是凶神恶煞般的存在。

《旧五代史》用了整整七卷来写朱温的历史，是为《太祖本纪》，尤其是朱温建立后梁之后每年每月发生的事情，都被尽量详尽地记录下来。但欧阳修大笔一挥，直接把这段历史压缩在短短两卷之内，删去了很多他认为过于烦琐的内容。而且，欧阳修还留出史论的篇幅，对朱温进行深刻的批评："呜呼，天下之恶梁久矣！自后唐以来，皆以为伪也。"说白了，欧阳修压根儿不承认后梁的合法性。在欧阳修等文人眼中，朱温及其建立的后梁，就像秦始皇一样残暴，而且只能用一个"伪"字来称呼。

欧阳修这样写的出发点，是基于内心的道义感，儒家礼法观念认为，朱温是人伦和社会秩序的破坏者，毫不留情地指出朱温并不是值得人们推崇的成功者，而是个人和家庭的失败者。朱温虽然成功灭掉唐朝，建立了后梁政权，却始终没改掉残暴荒淫的缺点，以至于祸起萧墙，最后竟然被儿子朱友珪杀掉了。

在欧阳修眼中，匪气十足的朱温，即便当上了皇帝，还是一副混世魔王的面孔。朱温打开了五代十国乱局的潘多拉魔盒，却没有能力收场，以至于天下乱战几十年。每当欧阳修回想起这段历史，就感到十分痛心，不仅是因为民不聊生、生灵涂炭，也是因为像他这样的儒家君子心中的道义感和秩序感在乱世几乎荡然无存。

绝大多数人都在乱世里上下沉浮，钻营者和叛逆者不计其数，真正秉持内心良知的人却十分罕见。欧阳修就是要为这些难得的君子树碑立传，哪怕他们生前是不起眼的小人物，也足以进入《新五代史》的列传了。

《新五代史》里有一篇《一行传》，专门记录在乱世里洁身自好的君子的故事。当然，欧阳修也没忘了先发一段感慨：

> 当此之时，臣弑其君，子弑其父，而搢绅之士安其禄而立其朝，充然无复廉耻之色者皆是也。吾以谓自古忠臣义士多出于乱世，而怪当时可道者何少也，岂果无其人哉？虽曰干戈兴，学校废，而礼义衰，风俗隳坏，至于如此，然自古天下未尝无人也，吾意必有洁身自负之士，嫉世远去而不可见者。自古材贤有韫于中而不见于外，或穷居陋巷，委身草莽，虽颜子之行，不遇仲尼而名不彰，况世变多故，而君子道消之时乎！吾又以谓必有负材能，修节义，而沉沦于下，泯没而无闻者。求之传记，而乱世崩离，文字残缺，不可复得，然仅得者四五人而已。

在欧阳修看来，五代十国是个混乱和荒唐的时期，所以要在那个时代做君子就更难了。翻遍史书，竟然只有五六个洁身自好的人。这样说看似偏激，但考虑到当时能够有名声和地位的人很难在"逆淘汰"的乱世机制里混出名堂，欧阳修还要再从中找几个典型人物，最后只选出五六人也未必是夸张之词。

欧阳修推崇的几位君子，包括郑遨、石昂、程福赟、李自伦。他们或是大贤大孝之人，能够在诱惑面前保持节操；或是品行高洁之士，宁可辞官归隐，也不愿趋炎附势，为五斗米折腰。

比如李自伦，是个乡间绅士，以孝义著称。在人伦颠倒的五代乱世，他竟然能做到六代人和睦地生活在一起，史称"六世同居不妄"。欧阳修也不禁发出感慨和赞美：

> 五代之乱，君不君，臣不臣，父不父，子不子，至于兄弟、夫妇人伦之际，无不大坏，而天理几乎其灭矣。于此之时，能以孝悌自修于一乡，而风行于天下者，犹或有之，然其事迹不著，而无可纪次，独其名氏或因见于书者，吾亦不敢没，而其略可录者，吾得一人焉，曰李自伦。

《新五代史》里有不少列传，都打破了政权和官职的限制，按照人物的品性、特质来分类，有点像司马迁在《史记》中的分类方法，刺客、酷吏、佞幸、游侠等都有专门的列传。欧阳修的分类，则是一行、死节、死事、伶官等列传。

比如著名的《伶官列传》，表面上看，是写伶官（古代宫廷里的戏子），实际上是在分析后唐的衰败原因。他开篇还是在感慨："呜呼，盛衰之理，虽曰天命，岂非人事哉！原庄宗之所以得天下，与其所以失之者，可以知之矣。"[1]

欧阳修之所以不厌其烦地"呜呼"，以及对《旧五代史》中各种烦琐史料进行删减，就是要让五代十国的历史成为北宋朝廷的镜鉴，从前朝败亡的历史中汲取教训，让帝王变得仁义守秩序，百姓才能安居乐业。或许正是这样的著史心理，才让《新五代史》即便面对诸多争议时，依然有不可撼动的历史地位。在读书人心中，它与《史记》的笔法有颇多令人共鸣之处，历史不再是冰冷史料的堆砌，而是在光明与黑暗中不断演进的鲜活生命。

---

[1] 后唐庄宗李存勖，继承李克用的遗志，建立后唐政权，一时风头无两。但是，李存勖在事业巅峰之时，没能继续开创伟业，一统天下，反而耽于享乐，沉溺于宫中伶官的戏剧表演，甚至忘记了自己的身份，还要跟戏子混在一起，给自己起了个艺名，叫"李天下"。更离谱的是，李存勖非常宠幸伶官，景进之类的伶人，竟然都被提拔为朝中重臣。李存勖不得民心，最终从巅峰堕入谷底，兵败身死。

典籍里的中国史

第二辑·宋元风情

《郡斋读书志》：
现存最早的私家藏书目录

古代有很多酷爱读书、藏书的人，宋人晁公武就是其中的典型。他家学深厚，原本生活殷实，却在青年时代就遭遇靖康之难，不得不举家南迁，在四川定居，他的大量藏书都在颠沛流离时遗失了。后来，他在四川结识了同样爱藏书的井度。井度在晚年将自己二十多年来的藏书送给了晁公武，加上晁公武多年来的积累，最终"得二万四千五百卷有奇"。晁公武由此写下《郡斋读书志》，记录了大量收藏的书目，这也是我国现在最早的藏书目录。

细读这份书单，会发现不少有趣的细节。其中有些书，如《史记》《贞观政要》，属于世人熟知的传世经典，也有很多书已经失传。但晁公武的记录，能证明那些文字曾经出现过，也给当今读者遗憾之外的一点慰藉。

《郡斋读书志》有一特色——收录的史书尤其是帝王实录特别多。[1]唐代和北宋的皇帝实录基本都有，如《唐高祖实录》二十卷，《唐太宗实录》四十卷。女皇武则天的实录也有，是为《唐则天实录》，共有二十卷：

---

1 在古代，朝廷官方出面给前朝编撰史书，算是一个不成文的"习惯"。修史的依据，往往是前朝留下的实录、档案，以及一些读书人撰写的笔记、诗文，有些比较懒惰的做法，就是直接把前朝宫廷密档搬出来，稍做修改，就成了官修正史。

唐吴兢撰。初，神龙二年，诏武三思、魏元忠、祝钦明、徐彦伯、柳同、崔融、岑义、徐坚撰录，三十卷。开元四年，兢与知几刊修成此书上之。起嗣圣改元甲申临朝，止长安四年甲辰传位，凡二十一年。

而且，越是后面的皇帝实录越长，《唐玄宗实录》竟然有一百卷，《唐德宗实录》有五十卷，《唐文宗实录》也有四十卷。但是，《唐武宗实录》只有一卷，从唐武宗开始，后面的唐朝皇帝不是没有实录，而是在北宋就已经失传。[1]

但晁公武在书中告诉我们，北宋学者宋敏求博学多才，搜罗各方史料，凭借一己之力补写了《宣宗实录》三十卷、《懿宗实录》三十卷、《僖宗实录》三十卷、《昭宗实录》三十卷、《哀宗实录》八卷，一共一百二十八卷，"世服其博闻"，当时人们都为他的博学多闻而钦佩不已。

距离晁公武更近的北宋皇帝的实录，就更长了，《太宗实录》八十卷，《真宗实录》一百五十卷，甚至《神宗实录》有二百卷之多。可惜，以上唐宋史家的实录心血，大多都没流传下来，在历史长河中散佚了。

《郡斋读书志》还记录了一本叫《捉卧瓮人事数》的书，篇幅不长，只有一卷：

---

[1] 能够幸运地保留下来的古代实录非常少。最早的实录出现在梁武帝时期，《梁皇帝实录》记录的就是梁武帝萧衍时期的历史。但是，这本书早就失传了，留存至今最早的实录，是《唐顺宗实录》。之所以后世有幸保留了其五卷内容，主要是因为它出自唐朝著名文人韩愈之手，并被编入了韩愈的文集，便幸运地随着韩愈的大名而流传至今。但其他的实录就没这么好的运气了，大多数实录在王朝灭亡时，就被销毁了，还有的随着战乱而散落民间，不知去向。

> 皇朝李庭中撰。以毕卓、嵇康、刘伶、阮孚、山简、阮籍、仪狄、颜回、屈原、陶潜、孔融、陶侃、张翰、李白、白乐天为目，有赵昌言序。

在今天看不到这本书了，只能根据书名和上述仅有的描述，来推测书中内容。"卧瓮人"应该是出自东晋"毕卓卧瓮"之说。这个典故有些冷门，是说东晋有个叫毕卓的官员嗜酒如命，经常喝得酩酊大醉。从《捉卧瓮人事数》列出的一些人名来看，李白、刘伶等人都爱饮酒，且有诗酒佳话。此书作者李庭中，生平事迹不详，应该也是北宋文人。至于作序的赵昌言，还有点名气，曾在宋真宗时期做过户部侍郎。

晁公武还收藏了不少唐宋文人的诗文集，这些书至今尚存者不少。但也有一些相对冷门的文人，有不少作品都散佚了。如后蜀孟昶的宠妃花蕊夫人，现今只有"君王城上竖降旗，妾在深宫哪得知。十四万人齐解甲，更无一个是男儿"等少数诗句存世。但晁公武却收藏了一卷《花蕊夫人诗》，作为单行本，估计不会只收录一两首诗。这只能说明，花蕊夫人有很多作品，在宋代还很流行，但后来还是失传了。

值得注意的是，五代十国至少有三个花蕊夫人，最知名者就是后蜀孟昶的宠妃，另外两人，是前蜀王建的宠妃和南唐李煜的宠妃。三人都擅长诗文，很容易让人混淆。晁公武特别写道："伪蜀孟昶爱姬也，青城费氏女。幼能属文，长于诗，宫词尤有思致。蜀平，以俘输织室。后有罪，赐死。"看来应是后蜀那位花蕊夫人，且晁公武不承认割据政权后蜀的正统性，称之为"伪蜀"。

《郡斋读书志》还列出了一些神秘的古代天文学著作，这是非常难得的。在古代，民间私学天文星象之学，一直是皇家严禁之事。原因很简单：

古人认为天象关乎帝王统治乃至国祚，皇家必须垄断唯一的天象解释权，如果普通人都能随意解读天象，则有可能"妖言惑众"，动摇帝王的统治合法性。即便是文化相对包容的宋代，在这一问题上也没有丝毫的松动，只要有普通人私学那些神秘的学问，轻则流放，重则诛杀。

《郡斋读书志》特别提到："皇朝太平兴国中，诏天下知星者诣京师，未几，至者百许人，坐私习天文，或诛，或配隶海岛，由是星历之学殆绝。故予所藏书中亦无几……"

尽管如此，《郡斋读书志》还是列出了几部天文类书籍：《司天考占星通玄宝镜》一卷，《甘石星经》一卷，《景佑乾象新书》三卷，《步天歌》一卷，《列宿图》一卷，《天象分野图》一卷。

其中，《甘石星经》知名度最高，据说是战国中期的天文学家甘德和石申所著。流传至今的《甘石星经》已经不是甘德和石申原著，而是宋人托古之作。稍做考证可知，《步天歌》《列宿图》《天象分野图》虽然难找，但并未失传，只是不为人知罢了。但《司天考占星通玄宝镜》大概是真的失传了，而且此书很有可能是晁公武的私家秘藏，此前不见于其他藏书目录，后来也不见于其他史籍。

而且，晁公武将《司天考占星通玄宝镜》放在自己天文类藏书目录的首位，甚至放在了著名的《甘石星经》前面，估计很喜欢这本书，也深知其价值。可惜，此书很可能在宋代就已经亡佚了。

《诸蕃志》：
宋人眼中的天下诸国

宋朝文人赵汝适编撰的《诸蕃志》一书，展现了当时一部分人开阔的国际视野。赵汝适在担任福建泉州市舶司提举[1]的时候，喜欢与阿拉伯商人交谈，从这些老外口中，他得知了不少海外的史地风俗。赵汝适很善于思考和总结，便将自己掌握的外国资料编成了一本书，这便是《诸蕃志》。

《诸蕃志》分为上下两卷，上卷介绍世界各国，下卷介绍各地特产。《诸蕃志》记录的国家，大多都在海上丝绸之路上，差不多涵盖了当时宋朝人认知内的全部世界。《诸蕃志》一共记录了48个国家，分别是：

> 交趾国、占城国、宾瞳龙国、真腊国、登流眉国、蒲甘国、三佛齐国、单马令国、凌牙斯加国、佛啰安国、新拖国、监篦国、蓝无里国、细兰国、阇婆国、苏吉丹、南毗国、故临国、胡茶辣国、麻啰华国、注辇国、鹏茄啰国、南尼华啰国、大秦国、天竺国、大食国、麻嘉国、层拔国、弼琶啰国、勿拔国、中理国、瓮蛮国、记施国、白达国、弼斯啰国、吉慈尼国、勿厮离国、芦眉国、木兰皮国、勿斯里国、渤泥国、麻逸国、三屿、蒲哩噜、流求国、毗舍耶、新罗国、倭国。

---

1 在宋元时期，泉州是重要的对外贸易门户。泉州市舶司提举是对外海上贸易的主管官员。

下卷记录各国志物，分别有 47 个：

脑子、乳香、没药、血碣、金颜香、笃耨香、苏合香油、安息香、栀子花、蔷薇水、沉香、笺香、速暂香、黄熟香、生香、檀香、丁香、肉豆蔻、降真香、麝香木、波罗蜜、槟榔、椰子、没石子、乌樠木、苏木、吉贝、椰心簟、木香、白豆蔻、胡椒、荜澄茄、阿魏、芦荟、珊瑚树、琉璃、猫儿睛、珠子、砗磲、象牙、犀角、腽肭脐、翠毛、鹦鹉、龙涎、璃珺、黄蜡。

这些国名和特产，今人大多都不熟悉了，甚至有些名字显得非常古怪。比如，登留眉国，大概位于今天泰国南部的那空是贪玛叻[1]。宋真宗时期，登留眉国曾派人来中国朝贡，带上了象牙、黄连之类的特产。

《诸蕃志》有言："地主椎髻簪花，肩红蔽白。朝日登场，初无殿宇。饮食以葵叶为椀，不施匕箸，掬而食之……产白豆蔻、笺沉速香、黄蜡、紫矿之属。"

再如，凌牙斯加国，其实就是古代东南亚著名的狼牙修国（也叫狼牙脩），唐玄奘在《大唐西域记》中提到的迦摩浪迦，就是这里。这个国家早就灭亡了，如今的位置大概在泰国南部的北大年，十分靠近马来西亚。

这个小国风物独特，《诸蕃志》有记载："地主缠缦跣足，国人剪发，亦缠缦。地产象牙、犀角、速暂香、生香、脑子。"

《诸蕃志》不仅记录了很多东南亚和南亚的国家，西亚和非洲的一些国

---

[1] 那空是贪玛叻有一个华人更熟知的名字——洛坤。这个地名也很奇怪，是外名翻译中极少带"是"字者。

家也在其中。比如忽厮离国，就在今天伊拉克的巴士拉。

《诸蕃志》上说："其地多石山，秋露沆瀣，日晒即凝，状如糖霜，采而食之，清凉甘腴，盖真甘露也……地产火浣布、珊瑚。"看来此地物产比较丰富，或许因为沿海，竟然还出产珊瑚。

还有层拔国，大致位置应该就在今天东非的坦桑尼亚的沿海地带，很有可能是桑给巴尔岛。《诸蕃志》对此地记载虽然只有寥寥几笔，但也是很宝贵的史料：

> 其人民皆大食种落，遵大食教度。缠青番布，蹑红皮鞋。日食饭面、烧饼、羊肉。乡村山林多障岫层叠，地气暖无寒。产象牙、生金、龙涎、黄檀香。

对宋朝人而言，这些国家进贡的特产，虽然有相似之处，如象牙、檀香不少国家都有，但也有一些比较独特的东西，在今天需要做一番考证，才能搞清楚到底是何物。

比如，多次在《诸蕃志》中出现的"脑子"，有可能就是李时珍在《本草纲目》里记载的龙脑，而在玄奘游历印度的时候，也见过龙脑香树。当时一些东南亚国家在派使者朝贡宋朝的时候，就喜欢进贡脑子，也有人将它作为药材。还有来自外国的香料，也有不少收录在《诸蕃志》中，比如，来自东南亚真腊国的速暂香、黄熟香。

可见，宋朝一些沿海地区的官员、商人和文人，已经具备了"开眼看世界"的能力，他们具备相当开阔的国际视野，以中华朝贡体系为基础，不断接触和掌握海外诸国的信息。《诸蕃志》里隐藏的有趣信息还有很多，足以让今天的读者一窥宋人眼中的海外风物。

《大金吊伐录》：
金朝视角下的靖康之变

两宋之交的靖康之变，是中国历史上的一件大事。有关这段历史的史料不少，但少有金朝视角者，《大金吊伐录》就是这样一本金人整理的史料集子，收集了金朝、辽朝和宋朝的一些国书，细读其中内容，有不少耐人寻味之处。

《大金吊伐录》开篇就说："不着撰人名氏。其书纪金太祖、太宗用兵克宋之事，故以吊伐命名。盖荟萃故府之案籍，编次成帙者也。金、宋自海上之盟，已通聘问，以天辅六年以前，旧牍不存，故仅于卷首一条，略存起事梗概。自天辅七年交割燕、云，及天会三年四月再举伐宋，五年废宋立楚，所有国书、誓诏、册表、文状、指挥、牒檄之类，皆排比年月，具录原文，迄康王南渡[1]而止，首尾最为该贯。"

这就介绍了《大金吊伐录》史料的贯穿时间与来源，都是一手的官方史料，特别是其中的国书、誓诏、册表，很有价值。

比如，宋钦宗赵桓投降金朝时，写过一篇《宋主降表》：

---

[1] 康王南渡，又称建炎南渡，是两宋之交的重要事件，康王赵构南下，保留了宋朝的皇族血脉，是为宋高宗。

臣[1]桓言:"背恩致讨,远烦汗马之劳;请命求哀,敢废牵羊之礼[2]。仰祈蠲贷[3],俯切凌兢,臣桓诚惶诚惧,顿首顿首。窃以契丹为邻,爰构百年之好;大金辟国,更图万世之欢。航使旌绝海峤之遥,求故地割燕、云之境,太祖大圣皇帝特垂大造,许复旧疆。未阅岁时,已渝信誓,方获版图于析木,遽连阴贼于平山。结构大臣,邀回户口,虽讳恩义,尚贷罪愆。但追索其人民,犹夸大其土地,致烦帅府远抵都畿,上皇引咎以播迁,微臣因时而受禅,惧孤城之失守,割三府以请和。屡致哀鸣,亟蒙矜许;官军才退,信誓又渝。密谕土人坚守不下,分遣兵将救援为名,复间谍于使人,见包藏之异意。遂劳再伐,并兴问罪之师;又议画河,实作疑兵之计。果难逃于英察,卒自取于交攻,尚复婴城,岂非拒命?怒极将士,齐登三里之城;祸延祖宗,将隳七庙之祀。已蠲衔璧之举,更叨授馆之恩,自知获罪之深,敢有求生之理?伏惟皇帝陛下诞膺骏命,绍履鸿图,不杀之仁既追踪于汤、武,好生之德终俪美于唐、虞[4],所望惠顾大圣肇造之恩,庶以保全弊宋不绝之绪,虽死犹幸。受赐亦多,道里阻修,莫致吁天之请;精诚祈格,徒深就日之思……臣诚惶诚惧,顿首顿首。谨言。"天会四年十二月日,大宋皇帝臣赵桓上表。

金朝当时没法一口吃掉宋朝,就让宋朝降臣张邦昌来治理北方地区,是为傀儡伪政权"大楚"。《大金吊伐录》收录了《乞命张邦昌治国状》,算是

---

1 宋朝皇帝对金朝皇帝自称臣子,言语非常卑微,只想着讨好金朝,换取自己的性命。

2 牵羊之礼,又称肉袒牵羊,典故出自《史记·宋微子世家》:"周武王克殷,微子乃持其祭器造于军门,肉袒面缚,左牵羊,右把茅,膝行而前以告。于是武王乃释微子,复其位如故。"牵羊者,就是投降者。宋钦宗在此表达内心的诚惶诚恐。

3 蠲(juān)贷,在古代专指免除租税和借放钱粮,此处表达宋钦宗到处借钱以祈求金朝皇帝原谅的意思。

4 唐尧、虞舜、成汤、周武王都是上古贤君。

对这段历史的一个很有现场感的佐证：

> 文武百寮[1]、军民、僧道、耆老[2]、同知枢密院事孙傅等："准元帅府牒，须得共荐一人，限今月十一日状申者。契勘自古受命之主，必上膺图录，下有勋德在民，或权强近臣，或英豪特起，有大材略，因而霸有天下，方为人所乐推。今来本国臣寮，如孙傅等，召自外方，被用日浅，率皆驽下，迷误赵氏，以至亡国，人皆怀怨，方且俯伏谨候诛夷，若或付之土地，俾为藩屏，必为百姓怨疾，旋致变乱，上负选择之意。然今奉元帅之令，备到诏旨严切，举国惶恐，非敢违拒，实以在内官寮委无其人，伏望元帅台慈体念，乞于军前选命张邦昌以治国事。[3] 如军前别有道隆德懋，为天命之所归者，乞赐选择，本国臣民敢不推戴者？右谨具申元帅府，伏候台旨。"天会五年二月十一日，文武百寮、军民、僧道、耆老、同知枢密院事孙傅等状。

《大金吊伐录》不仅记录了宋钦宗投降的细节，还记录了辽朝末代皇帝的窘状——一度飞扬跋扈的辽天祚帝耶律延禧在金灭辽之后，也非常卑微地上了一封投降书，是为《辽主耶律延禧降表》：

> 臣耶律延禧言："今月十八日，西南、西北两路都统府差萧愈等赍[4]到文字，准奉诏旨招谕者。伏念臣祖宗开先顺天人而建业，子孙传嗣赖功德以守成，奄有大辽，权持正统，拓土周数万里，享

---

[1] 文武百寮，即文武百官之意，这一表述常见于官方文书。

[2] 耆老，就是六七十岁的老人，在古代泛指值得尊重的老年群体。《礼记》有言："养耆老以致孝，恤孤独以逮不足。"

[3] 张邦昌是靖康之变期间由金朝人扶立的傀儡皇帝，在北方建立了楚政权，史称伪楚。

[4] 赍，在古代多指送东西给别人，此处即传递文书的意思。

国逾二百年，从古以来，未之或有。迨臣篡绍，即已妄为，恃太平既久之时，黩累代常行之法，浸行侮易，先忲交和，辄无名以举兵，望有捷而张势，曲直既显，胜负自分，虽黩武之再三，曾败绩之非一。往驰信使，永讲前欢，特蒙天地之恩，许结弟兄之睦。臣更为眩惑，弗克遵依，以是再引干戈，重寻衅隙，民神共怒，智力俱穷，宝命既归，神器难守。宗庙倾覆，甘承去国之羞；骨肉既俘，独作逃生之虏。非天时之未识，缘己罪之尤深。宣谕幸闻，宸恩得浃。臣自知咎恶，犹积就惶。伏望皇帝陛下念上世之旧欢，恕愚臣之前过，许奉先人之祀，留为亡国之余，则百生荷再造之恩，一族感聚居之义。谨与见在从官，望阙俟罪。"

一封投降书还不够，耶律延禧在发现金朝赦免自己后，还写了一封《辽主谢免罪表》，简直要感激涕零了：

臣延禧言："四月八日，赍到诏书一道，特免臣罪，及抚谕仍与西南、西北两路都统、贝勒同朝见者，岂不自知？合被罪盈之责，将何以报？特蒙望外之恩，欣幸越常，就惶失次。伏惟皇帝陛下仁洽万物，道配二仪，犹推不忍之心，靡追既往之咎，温颁天语，秩振德音，俾底安全，特宽罪戾，非一身幸免武、汤问罪之威，抑举族均荷唐、虞好生之德。今专俟都统、贝勒等赴关，同行次。"

北宋徽钦二帝被金朝俘虏到北方后，可谓受尽凌辱。宋徽宗赵佶被金朝皇帝封了一个很有羞辱意味，却也很符合其实际行为的称号——昏德公。对此，他还得表示感谢，类似耶律延禧，写了一封《昏德公表》，也收录在《大金吊伐录》里：

臣佶伏奉宣命，召臣女六人赐内族为妇，具表称谢。伏蒙圣恩赐敕书奖谕者，仰勤睿眷，曲念孤踪，察流寓之可怜，俾宗藩之有托。伏念臣栖迟一已，黾勉四迁，顾齿发以俱衰，指川途而正邈，获居内地，周间流言，得攀若木之枝，少慰桑榆之景。此盖伏遇皇帝陛下扩二仪之量，孚九有之私，悯独夫所守于偷安，辨众情免涉于疑似。臣敢不誓坚晚节，力报深仁，傥伏腊稍至于萧条，赖葭莩必济乎窘乏，尚祈鸿造，俯鉴丹衷。臣无任瞻天望圣，激切屏营之至。

过了一段时间，这位昏德公又向金朝皇帝"汇报"了新的感受，写了一封《又谢表》，战战兢兢地表达"谢意"：

天恩下逮，已失秋气之寒；父子相欢，顿觉春光之暖。遽沐丝纶之厚，仍蒙缱绻之颁，感涕何言，惊惶无地。窃以臣举家万指，流寓三年，每忧糊口之难，忽有联亲之喜，方虞季子之敝[1]，谁怜范叔之寒[2]，既冒宠荣，愈加惊悸。此盖伏遇皇帝陛下唐仁及物，舜孝临人，故此冥顽，曲蒙保卫。天阶咫尺，无缘一望于清光；短艇飘摇，自此回瞻于魏阙。

毁掉大宋朝的金朝皇帝，在宋徽宗笔下，竟成了尧舜一般的圣贤君主。为了苟活，他不得不摇尾乞怜，但还是没能保住一点国土，连宋朝皇族都跟着受辱。对此《大金吊伐录》的记载非常真实，也很残酷，发人深思，也令后世警醒。

---

[1] 季子之敝，指的是在贫苦中的疲惫之感，典故来自苏秦，其字为季子。苏秦游说君主不成时，只能穿着破烂的衣服，一时间非常困窘。

[2] 范叔之寒，指的是对贫困潦倒的人产生同情，典故出自范睢，其在困顿之时，没有像样的衣服，有人可怜他，就送给了他一件衣服。宋徽宗很有学问，在此选用了相对比较冷门的掌故，所写谢表，引经据典，情感浓烈，明显更有文采。

《铁函心史》：
深埋井底的大宋孤魂

元至元二十年（1283年），南宋遗民郑思肖怀着山河破碎的苦楚，将之前自己所撰的《咸淳集》《大义集》《中兴集》《久久书》《杂文》《大义略叙》等文，合编为《心史》，又将其封存在一个铁函中，深深地沉入苏州承天寺的一口古井里。

在当时，几乎没人注意这个叫郑思肖的落魄文人，更没有人知道，在井底深藏着忠肝义胆的大宋孤魂。

整整355年后，明崇祯十一年（1638年），山河破碎的阵痛再次降临，有人在承天寺古井[1]里，意外发现郑思肖的遗物。打开重重铁函，人们发现在《心史》外面的铁匣上，外书"大宋铁函经"五字，内书"大宋孤臣郑思肖百拜封"十字。郑思肖的文字和精神，给明末读书人带来了巨大的鼓舞，也让这位知名度很低的文人，在仁人志士眼中有了崇高地位。

郑思肖在诗文中，以菊寄托高洁精神，有《画菊》诗云：

　　花开不并百花丛，独立疏篱趣未穷。宁可枝头抱香死，何曾吹落北风中。

---

[1] 今址在苏州市承天寺前36号旁的古井。

在百花盛开的时候，菊花傲世独立，不与他者一样庸庸碌碌，不肯随风摇摆，宁可在枝头枯死，也要留下独有的芬芳，绝不向北风低头。[1]

郑思肖和他所坚持的信念，并非没有价值。即便在明末，他的精神也在激励着人们。明末文人林古度高度评价了郑思肖及其作品：

> 盖天地间万物可毁，惟有忠义之气托于文字，亘古不化。虽五金之坚，亦易磨荡糜烂，先生之心精凝结，虽不函铁沉井，亦不能毁，长弘之血庶几似之，是先生之心葬于水，使涵濯清泠，不染胡尘，而剖露于大明中天之时，非文字楮墨也。不然，安知此井不为桑田，不填而浚，灵物神奇，其故可知。予何幸！

斗转星移，没有改变郑思肖的忠贞；沧海桑田，无法掩盖大宋孤魂的高洁品质。

郑思肖想到杜甫在安史之乱后经历的颠沛流离，便在《杜子美茅屋为秋风所破歌图》上写道：

> 雨卷风掀地欲沉，浣花溪路似难寻。数间茅屋苦饶舌，说杀少陵忧国心。

曾经的静谧时光和辉煌时代，终究是一去不复返了，留下的只有无尽的苦痛和遗憾。或许，郑思肖想到杜甫和大唐命运的时候，也还在渴望大宋能在南方保留部分国土，毕竟之前的华夏历史，还没出现过完全"陆沉"的

---

[1] 此处"北风"暗指元朝。在忽必烈已经一统天下的时候，郑思肖不敢公然批评蒙古统治者，只能以诗文暗喻，隐晦地表达内心的声音。

情况。

可惜，历史是残酷的，为宋朝皇族保留一点领土的念想，在忽必烈眼中是奢求，他毫不留情地吞并了南宋的全部国土。这不仅是国家灭亡，整个天下也彻底沦陷了。郑思肖也清楚，他面对的历史，与杜甫那种山河破碎、风雨飘零的形势还是有很大不同的，宋人的痛苦无疑是更加剧烈的。

郑思肖还在不少古人身上寄托了情思。如想起高山流水觅知音的掌故，他有诗云：

终不求人更赏音，只当仰面看山林。一双闲手无聊赖，满地斜阳是此心。

想起竹林七贤不与篡权的司马家族合作的故事，他挥毫泼墨，书写内心独白：

清谈何补晋江山，谁与中原了岁寒。惟有白云三四片，飞来自向古琅玕。

这些诗文，看似是写历史，其实都是在借古喻今，表达自己绝不愿意投降元朝的决心。

还有一些诗文，简直就是赤裸裸地表达嘲讽和不满了。他在听说元军攻打日本却遭遇台风时非常激动，认为这是上天在惩罚暴虐的元军，赶忙写下《元鞑攻日本败北歌》："鬼吹黑潮播海翻，雹大于拳密于雨。七千巨舰百万兵，老龙怒取归水府。犬羊发怒与天敌，又谋竭力必于取。已刳江南民髓乾，又行并户抽丁语。凶燄烧眼口竟哑，志士闷闷病如蛊……高悬白眼混沌前，那肯以命落尘土。翻身鼓掌一笑时，万古万古万万古。"

在诗文中，郑思肖还时常引经据典，既激励自己，也展现傲骨。

《二砺》有言："愁里高歌梁父吟，犹如金玉戛商音。十年勾践亡吴计，七日包胥哭楚心。秋送新鸿哀破国，昼行饥虎龁空林。胸中有誓深于海，肯使神州竟陆沉？"

郑思肖有卧薪尝胆之志，渴望扶大厦之将倾，挽狂澜于既倒，且用一个"龁"[1]字，来生动地表达对敌人的仇恨——咬牙切齿，也要复兴大宋，拯救苍生。但是，这也只能是郑思肖的自我勉励。现实是无比惨淡的，南宋以非常悲壮的姿态，一点点在历史的舞台上退场，留下的是无数文人墨客的怜惜与慨叹。

---

1 龁（niè），咬、啃之意。此处表达切齿之恨的意思。

《真腊风土记》：
元朝人的海外游记

1861年1月，法国博物学家亨利·穆奥[1]在东南亚原始森林中探险时，无意间发现一座隐藏在密林里的大型庙宇，这便是日后闻名全球的吴哥王朝遗迹——吴哥窟。他在《暹罗柬埔寨老挝安南游记》中记录了自己的惊世发现，一度引起西方读者的兴趣。但他在发现吴哥窟后不到一年就离世，也让不少人感到遗憾。但更让人遗憾的是，这座雄伟壮观的庙宇，竟然在数百年里，都不为人所知，如同那个曾经璀璨的吴哥文明，像流星一样出现，又匆匆划过，几乎湮灭在时光的尘埃里。

然而，最早对吴哥胜迹有记载的旅行家并非亨利·穆奥，他发现了吴哥的遗迹，却没有见证吴哥最辉煌的时代。早在五百多年前，元成宗元贞元年（1295年），旅行家周达观就曾经乘船来到吴哥，并在此度过了一年多的时光，根据其见闻写下《真腊风土记》一书，让后世读者可以一窥当年吴哥王朝的风貌。

根据史料可知，周达观是从浙江温州出发的。他乘船先到广州，又沿着今天越南的海岸线一路向南，花了三个多月的时间，才到了真腊的港口，也就是今天柬埔寨沿海区域。周达观的考察对象，从海边到内陆，从风光到风俗，记载的内容几乎都是独家、一手的信息，具有极高的历史价值。

---

1 亨利·穆奥，法国19世纪博物学家，著有《暹罗柬埔寨老挝安南游记》，以重新发现吴哥而闻名。

矗立在吴哥城里的大金塔，最先吸引了周达观的目光。他在《真腊风土记》里，对此着墨甚多："当国之中有金塔一座，傍有石塔二十余座。石屋百余间，东向金桥一所。金狮子二枚，列于桥之左右。金佛八身，列于石屋之下。金塔之北可一里许，有铜塔一座，比金塔更高，望之郁然。其下亦有石屋数十间。又其北一里许，则国主之庐也。其寝室又有金塔一座焉。"

在城里，有不少金碧辉煌的建筑，还有精致的雕塑。（"金狮子、金佛、铜象、铜牛、铜马之属，皆有之。"）甚至在一座佛像的肚脐里，会有水流出，味道如同美酒（"塔之中有卧铜佛一身，脐中常有水流出。味如中国酒，易醉人。"）遗憾的是，这些场景早已不复存在，但通过周达观的文字，可以想象当时景象之盛大。

至于当地人的穿着打扮，也与同时代的中国人差异较大。除了国王，不论男女，穿的都比较少，甚至只有一块布围在腰间。不过，就是这一块布，也很有讲究，贵族穿的，要更加精致华美，至于平民百姓，就没这么讲究了。

《真腊风土记》对此有明确记载："布甚有等级，国主所打之布，有直金三四两者，极其华丽精美。其国中虽自织布，暹罗及占城皆有来者，往往以来自西洋者为上，以其精巧而细美故也。"

令人惊奇的是，儒家思想在当地竟然也有影响力。周达观有记载："为儒者呼为班诘，为僧者呼为苎姑，为道者呼为八思惟。"儒释道三种学说，在真腊有各具特色的称呼与形象。比如儒者形象，也跟中国的很不一样："班诘不知其所祖，亦无所谓学舍讲习之处，亦难究其所读何书。但见其如常人打布之外，于项上挂白线一条。以此别其为儒耳。由班诘入仕者，则为高上之人。项上之线终身不去。"

关于当地人的语言文字，周达观也有详细记录。原来，真腊有一套独立的语言文字系统，虽然暹罗、占城都是其邻国，却语言文字不通。这也说明，今天的泰国、越南，在古代与柬埔寨不能算是相同的文明。周达观是做过翻译的，既能听懂真腊人说话，也能将汉语翻译成当地的语言，这在当时算是奇人了。他还有明确记载，真腊人也有文字，而且是从右往左写的，与汉字从上往下写不一样——"正似回鹘字[1]。凡文书皆自后书向前，却不自上书下也。"周达观认为真腊文类似回鹘文。回鹘位于中西亚文明沟通的桥梁上，其书写方式，大概也与阿拉伯文相互影响。

在《真腊风土记》里，一段看似寻常的文字却可能透露了吴哥文明崩溃的秘密。周达观在当地街头，总是能看到很多患有传染病的人，而且根本没有治疗的意识和能力：

> 国人寻常有病，多是入水浸浴，及频频洗头，便自痊可。然多病癞者，比比道途间。土人虽与之同卧同食亦不校。或谓彼中风土有此疾。又云曾有国主患此疾，故人不之嫌。以愚意观之，往往好色之余，便入水澡洗，故成此疾。闻土人色欲才毕，皆入水澡洗。其患痢者十死八九。亦有货药于市者，与中国不类，不知其为何物。更有一等师巫之属，与人行持，尤为可笑。

看其描述，这些真腊人很有可能是麻风病患者，如果不集中隔离，就会传染给他人，甚至整个国家都陷入可怕的疫病。但是，当地人宁可相信巫师，也不去寻医治疗，只能任由病情发作，自生自灭。从历史上看，吴哥

---

[1] 回鹘文字是回鹘人在粟特字母的基础上创制的文字，由上至下来写。

文明就似乎是在一夜之间消失的，除了战争，最有可能的原因就是瘟疫。

或许是天气炎热的原因，真腊人非常喜欢洗澡，甚至到了晚上，也要洗澡好几次："地苦炎热，每日非数次澡洗则不可过，入夜亦不免一二次。初无浴室盂桶之类，但每家须有一池；否则亦两三家合一池。不分男女，皆裸体入池。惟父母尊年者在池，则子女卑幼不敢入。或卑幼先在池，则尊年者亦须回避之。"在周达观看来，真腊人在风俗礼仪上，与中国差别很大，但他并没有侧目而视，而是原汁原味地记录了自己的所见所闻，这也让《真腊风土记》的史料价值不容小觑。

《河朔访古记》：
跟着元朝人去考古

考古与考察古迹者，并非现代才有。《河朔访古记》就是一部元朝人访古的著作，作者是葛逻禄乃贤，是个色目人，博学多识，曾官至翰林国史院编修。他曾经亲自考察河北、河南等地的历史古迹，给我们留下了非常宝贵的史料——因为几百年过去，有很多元朝人能看到的古迹，在今天都不复存在了。经历战乱与沧桑，很多古墓、古建筑并没有保存至今，好在有《河朔访古记》这样的书，能让今天的读者一览曾经的辉煌。

葛逻禄乃贤到了河南，先考察了羑里城，据说这是当年周文王被囚禁而演绎出周易的地方："羑里城文王庙。羑城在汤阴县北六里道左，朱绰门，门榜题曰'羑里城'，周文王之庙。其城，周回二百五十步，高二丈余。"[1]

葛逻禄乃贤又考察了西门豹和扁鹊的遗迹："西门豹祠。漳水之上有祠，门扁曰'西门大夫之庙'"，"扁鹊庙碑。在汤阴县东南二十里，伏道村村之道左……墓旁生艾，治疾为天下第一，今每岁充贡云"。西门豹祠和扁鹊庙至今还在，但是否是葛逻禄乃贤当年到访的那个地方就不太好说了，毕竟名人的遗迹很容易"复现"，一个名人有多个祠庙乃至陵墓都很寻常。

值得一提的是，书中还记载了非常神秘的河亶甲墓。这个几乎在史

---

[1] 如今羑里城尚在河南汤阴，已开发成旅游景区。

书上没留下踪迹的商王,竟然在元朝时还有陵墓留存。这不能不说是个奇迹——"安阳县西北五里四十步,洹水南岸,河亶甲城有冢一区,世传河亶甲所葬之所也。父老云:'宋元丰二年夏霖雨,安阳河涨,水啮冢破,野人探其中,得古铜器,质文完好,略不少蚀,众恐触官法,不敢全货于市,因击破以鬻之,复塞其冢以灭迹。自是,铜器不复出矣。'"

葛逻禄乃贤还特别提到,宋朝的时候,河水暴涨导致河亶甲墓里的文物流出,有人借机盗掘墓中文物,大概是青铜器之类的东西,但又不敢拿到市场上卖,竟然将完整的文物击碎再售卖。

如此严重的古墓和文物破坏行为,在历史上不知道发生了多少回,但如此清晰地记录在史书上的却不多。更遗憾的是,当时的人根本意识不到甲骨文的存在,就算是河亶甲墓里有龟甲,估计也被人们当成药材吃掉了。当然,还有一种可能,这座河亶甲墓根本不是商王墓,而是周代的贵族墓,只是被后人附会成了商王墓,自然也不会发现甲骨文了。

葛逻禄乃贤还在旁边发现了疑似河亶甲王后的墓:"黄堆冢。在河亶甲西南。世传,乃河亶甲后之冢也。"——可惜的是,这两座传说中的商朝陵墓,如今已经全无踪影了,太多历史的信息都湮灭了。

如今已经被发掘的曹操高陵,在《河朔访古记》里也有踪迹:

魏武高平陵。在邺镇西南三十里,周回二百七十步,高一丈六尺。十二月,余登铜爵台,西望荒郊烟树,永宁寺僧指示余曰:"此曹公之西陵也。"

葛逻禄乃贤还顺便考察了号称是曹操七十二疑冢的古迹，站在讲武城的高台之上，竟然能很清楚地看到七十二座古墓：

> 曹操疑冢。在滏阳县南二十里，曰讲武城，壁垒犹在。又有高台一所，曰将台。城外高丘七十二所，参错布置，累然相望。

不知道是元朝空气能见度高、建筑遮挡物少的缘故，还是后世战乱破坏的原因，如今就是在半空中俯瞰，也找不到这些疑冢了。

当然，也有至今保存完好的古迹，比如在今天成为网红景区的白马寺。《河朔访古记》有言：

> 白马寺。洛阳城西雍门外白马寺，即汉之鸿胪寺也。永平十四年，摩腾三藏法师，以白马驮经至此，因建寺以白马名。

在黄河两岸来回游走，葛逻禄乃贤还考察了嵇康之子嵇绍的墓：

> 晋嵇侍中庙墓。汤阴县西南一百二十步，曰浣衣里，道左小碣，题曰"晋忠臣嵇绍之墓"。墓周回二百步，高二丈余。庙在墓侧，有宋碑一通，乃淮南节度使、司徒兼侍中、判大名府兼北京留守司事、大名府路安抚使、魏国公韩琦记并书，熙宁三年八月十五日，县令张琳立石。

由此可见，古人非常敬仰嵇绍，宋人也不断修复、加固嵇绍墓。[1] 宋末

---

[1] 关于嵇绍的事迹，《资治通鉴》有记载："乘舆败绩于荡阴，帝伤颊，中三矢，百官侍御皆散。嵇绍朝服，下马登辇，以身卫帝，兵人引绍于辕中斩之。帝曰：'忠臣也，勿杀！'对曰：'奉太弟令，惟不犯陛下一人耳！'遂杀绍。血溅帝衣……右欲浣帝衣。帝曰：'嵇侍中血，勿浣也！'"

元初的文人王磐，曾经在路过嵇绍墓的时候，题诗来纪念嵇绍：

> 十载家艰恨未消，又持手版仕昏朝。已知定乱功难就，犹幸临危节可要。忠血数班沾藻火，英名千古迫云霄。一杯欲酹祠前土，野鹤昂藏未易招。

这背后的故事，就是"嵇绍之血"，以自己的鲜血来保护乱世里的皇帝，哪怕这个皇帝是历史上著名的痴傻皇帝——晋惠帝司马衷，因"何不食肉糜"留下千古笑柄。为了保护司马衷，嵇绍竟然用身体去抵挡敌人的刀剑，鲜血飞溅，淋落在司马衷的衣服上。司马衷虽然痴傻，却还知道嵇绍是大忠臣，因其殉国而伤感，还不让别人洗掉衣服上的血迹。

如今，嵇康墓在安徽涡阳尚有遗存，但在元朝时还保存很好的嵇绍墓，如今却已无踪影，不能不让人慨叹时间的残酷，曾经如此勇武忠烈的历史名人，最后还是被时光遗忘了。

还有一些帝王和名人的墓，被《河朔访古记》记录在册，也幸运地保留至今。

比如，汉光武帝刘秀的陵墓，"汉光武帝原陵。在临平亭南，方三百二十步，高六丈，西望平阴，去洛阳东南十里"，以及圣贤邵雍的墓，"邵康节先生之墓。在洛阳县南，伊阙西南九里，曰辛店，伊水西也"。

葛逻禄乃贤还考察了佛图澄墓："临漳县南，邺镇西北五里，紫陌侧，晋高僧佛图澄墓在焉。澄，天竺人，俗姓帛氏。永嘉年，来洛阳，虽未尝读儒家书，与一时学士辨论，无能屈者。"[1]

因为十六国战乱频仍，别说天竺高僧了，就是很多割据政权的帝王，陵墓也没留到后世。比起那些早就被盗掘的帝王墓，佛图澄还算是幸运的，在葛逻禄乃贤考察的时候，它不仅存在，规模还不小。但是，佛图澄墓还是没留到今天，不知在什么时候，还是被毁了。这也是在阅读古书时，不免会驻足慨叹的地方。

---

[1] 佛图澄是十六国时期的著名高僧，来自古印度，经过西域来到中原，传播思想文化，在历史上影响很大。

《饮膳正要》：
元朝太医的食谱

  《饮膳正要》是元朝太医忽思慧的心血之作，忽思慧在元仁宗时期担任宫廷太医，负责为皇室成员调理身体，后来将自己的营养学知识汇总为一本书，便是《饮膳正要》。

  本书开篇就写道："将累朝亲侍进用奇珍异馔，汤膏煎造，及诸家本草，名医方术，并日所必用谷肉果菜，取其性味补益者，集成一书，名曰《饮膳正要》……天历三年三月三日饮膳太医臣忽思慧进上。"

  可以看到，忽思慧是很希望让皇帝看到这本书的，其中内容，应该也是他毕生心血，是对行医、饮食经验的总结。但是其中内容却多有与今人常识背离之处。

  《饮膳正要》分为三卷：第一卷谈饮食禁忌；第二卷讲食物相生相克；第三卷则是对各种食材的介绍，包括米谷品、兽品、禽品、鱼品、果品、菜品和料物的性味，这也是最有意思的地方。由此，我们可以了解元朝太医的食谱和元朝人偏爱的食材。

  在兽品中，忽思慧详细介绍了多种动物的肉质和味道。蒙古人对于羊肉的特别偏爱集中体现在这里：

羊肉：味甘，大热，无毒。主暖中，头风，大风，汗出，虚劳，寒冷，补中益气。

　　羊头：凉，治骨蒸，脑热，头眩，瘦病。

　　羊肝：性冷，疗肝气虚热，目赤暗。

　　羊血：主治女人中风、血虚，产后血晕，闷欲绝者，生饮一升。

　　羊髓：味甘，温。主治男女伤中，阴气不足，利血脉，益经气。

　　羊脑：不可多食。

除了常见的羊肉、牛肉，还有一些罕见的食材也出现在书中，比如大象肉：

　　味淡。不堪食，多食令人体重。胸前小横骨，令人能浮水。身有百兽肉，皆有分段，惟鼻是本肉。

还有土拨鼠肉：

　　味甘，无毒。主野鸡疮，煮食之宜人。生山后草泽中。北人掘取以食，虽肥，煮则无油，汤无味。多食难克化，微动气。皮作番皮，不湿透，甚暖。头骨去下颔肉，令齿全，治小儿无睡，悬之头边，即令得睡。

其至连猴子的肉都有：

　　味酸，无毒。主治诸风，劳疾。酿酒尤佳。

反倒是对于今天常见的海鲜、河鲜，蒙古人似乎不太感兴趣，在《饮膳正要》里很少提到。

比如人们经常吃到的虾，在忽思慧看来，竟然是有毒的：

味甘，有毒。多食损人。无须者，不可食。

对于螃蟹也是很奇怪的评价：

味咸，有毒。主胸中邪热结痛，通胃气，调经脉。

或许是因为当时缺乏靠谱的冷冻技术，深居内陆的人很难吃到新鲜的海货，才会觉得鱼虾蟹之类的食材味道不佳。

连河里的鲤鱼，忽思慧都觉得是有毒的：

味甘，寒，有毒。主咳逆上气，黄胆，止渴，安胎。

对于不少人津津乐道、很适合清蒸的鲈鱼，忽思慧还算是给出了比较公允的评价：

平。补五脏，益筋骨，和肠胃，治水气，食之宜人。

看来，蒙元时期的宫廷太医对于各种食材的理解，与今人也有较大差异。在阅读这类古代饮食类著作的时候，我们还需要辩证看待，取其精华，去其糟粕，方为正道。

《饮食须知》：
古代食物味道大全

元代养生家贾铭撰写的《饮食须知》一书，堪称古代食物味道大全，分为水火、谷类、菜类、果类、味类（调味品）、鱼类、禽类、兽类等八类。其中对各种肉类食材的介绍，与今人的认知差异较大，也有不少内容让人大开眼界。一些国家保护动物或者常人根本不会去吃的东西，在《饮食须知》里也有详细的介绍。

荔枝在古代是比较稀罕的水果，保鲜的时间很短，若不能食用最新鲜的荔枝，口味、色彩就差很多了。书中有载：

荔枝：味甘性热。多食发热、烦渴、口干、衄血，鲜者尤甚，令即龈肿口痛。患火病及齿䘌人，尤忌之。食荔多则醉，以壳浸水饮之即解。荔枝熟时，人未采，则百虫不敢近，人才采动，鸟、乌、蝙蝠、虫类无不伤残之也。故采荔枝者，必日中众采，一日色变，二日味变，三日色味俱变。若麝香触之，花实尽落也。以针刺荔壳数孔，蜜水浸瓷碗内，隔汤蒸透，肉满甘美。

至于西瓜，则是胃弱体寒者不适宜食用：

西瓜：味甘性寒。胃弱者不可食，多食作吐利，发寒疝，成霍乱冷病。

贾铭还指出，葡萄吃多了也不好，容易让人发热、头昏，甚至在葡萄架下都不能喝酒：

> 葡萄：味甘酸，性微温。多食助热，令人卒烦闷昏目。甘草作钉，针葡萄立死。以麝香入树皮内，结葡萄尽作香气。其藤穿过枣树，则实味更美。葡萄架下不可饮酒，防虫屎伤人。

至于各种鱼和海鲜，贾铭跟今人的口味差异也很大。连现在日常食用的鲤鱼，在贾铭看来也有各种禁忌。甚至他还提醒读者，吃烤鱼的时候，如果烤烟入了眼睛，则必然损害视力：

> 鲤鱼：味甘性平。其胁鳞一道，从头至尾，无大小皆三十六鳞。阴极则阳复，故能发风动火。同犬肉豆藿食，令消渴。同葵菜食，害人。天行病后及下痢者、有宿者，俱不可食。风病患食之，贻祸无穷。服天门冬、紫苏、龙骨、朱砂人忌食。鲤脊上两筋及黑血有毒。溪间生者，毒在脑。山上水中生者，不可食。炙鲤勿使烟入目，大损目光，三日内必验。

贾铭认为鲳鱼籽有毒，不能吃。今人虽常吃鲳鱼，但确实没听说过谁吃鲳鱼籽的：

> 鲳鱼：味甘性平。和生姜粳米煮，骨皆软，其子有毒，食之令人下痢。

至于用于观赏、把玩的金鱼，贾铭的看法和今人差不多。在古代，也没人把金鱼当成食材，估计很不好吃：

金鱼：味甘咸，性平。味短不宜食，止堪养玩。

贾铭对于龟类的看法，可以代表很多古人的观念，龟类是有灵性的，最好不吃：

龟肉：味酸性温。此物神灵，不可轻杀。六甲日十二月俱不可食，损人神。

比较奇怪的是，贾铭认为螃蟹是有毒的。俗话说，"第一个吃螃蟹的人最勇敢"，看来，古人一般是不太敢吃螃蟹的，连营养专家都觉得最好别吃螃蟹。但多数螃蟹都是今人盘中美味，估计是因为古代运输能力不行，从海滨捕捞螃蟹再送到内地很难保鲜。人们吃不上很新鲜的螃蟹，自然会觉得螃蟹不好吃，甚至有毒：

螃蟹：味甘咸，性寒，有小毒。多食动风发霍乱，风疾人不可食。

有趣的是，今人所说的牡蛎，俗名生蚝，在《饮食须知》里，却是指鲍鱼。贾铭认为男性吃鲍鱼多了，容易不长胡子，这似乎在科学上没得到验证：

牡蛎肉：味甘性温。俗呼鲍鱼。海牡蛎可用，丈夫服之，令人无髭。

今人视为营养品的海参，在贾铭看来，也不是完美的食材，拉肚子的人不能吃：

海参：味甘咸，性寒滑。患泄泻痢下者勿食。

离谱的是，《饮食须知》里还有乌鸦、孔雀、鸳鸯等食材。贾铭用"臭"来描述乌鸦肉，可见这东西确实不能吃，连不算挑剔的古人都避之不及：

乌鸦肉：味酸涩，性平。臭不可食，肉及卵食之，令人昏志。

孔雀肉：味咸性凉，微毒。食其肉者，自后服药必不效，为其解毒也。尾有毒，不可入目，令人昏瞖。

鸳鸯肉：味咸性平，有小毒。多食令人患大风病。

在作者看来，没几种禽类的肉能吃，基本都有毒。以至于在禽类一章最后，作者干脆列了一条"诸鸟有毒"：

凡鸟自死自闭、自死足不伸，白鸟玄首、玄鸟白首、三足、六指、异形异色、四翼、肝色青者、野禽生卵有八字形者，并有毒，食之杀人。

整理一些古人几乎不吃的肉类信息如下：

马肉：味辛苦，性冷，有毒。同仓米、稷米及苍耳食，必得恶病，十有九死……马汗有大毒，患疮人触马汗、马气、马毛、马尿、马屎并令加剧。[1]

虎肉：味酸，作土气，性热。正月食虎伤神。热食虎肉，伤人齿。多有药箭伤者，食者慎之。虎鼻悬门中，次年取煞作屑，

---

[1] 古人认为一些动物的粪便也有治病的效果。

与妇食之,便生贵子。勿令人及妇知,知则不灵。虎豹皮上睡,令人神惊。

豹肉:味酸,性微温。正月勿食,伤神损寿。

熊肉:味甘性平。十月食之伤神。

象肉:味甘淡,性平。多食令人体重。象具百兽肉,唯鼻是其本肉。

豺肉:味酸性热,有毒。食之损人精神,消人脂肉,令人瘦。

狼肉:味酸性热。

狐肉:味甘性温,有小毒。

猫肉:味甘酸,性温。肉味不佳,亦不入食品。

老鼠肉:味甘性热。误食鼠骨,能令人瘦。鼠涎有毒。

黄鼠狼肉:味甘膻臭,性温,有小毒。不堪食。

土拨鼠肉:味甘性平。虽肥而煮之无油味。多食难克化,微动风。

这些记载有些符合常识,有些则非常奇怪。或许,正是因为无数古人品尝过很多不靠谱的食材,才逐渐确定了一套可以日常食用的饮食标准。连乌鸦肉、狐狸肉、黄鼠狼肉都吃过的古人,堪称有"神农尝百草"的勇气。

《救风尘》
与关汉卿的人间大爱

元曲大家关汉卿创作的杂剧很多，代表作有《感天动地窦娥冤》《尉迟恭单鞭夺槊》《温太真玉镜台》《赵盼儿风月救风尘》《闺怨佳人拜月亭》《关大王独赴单刀会》《关张双赴西蜀梦》《包待制智斩鲁斋郎》等。这些作品涉及的人物和故事，如包公、关公、尉迟恭、三国故事、隋唐好汉传奇，等等，都在后来的明清小说里得到了丰富和延展。这些故事也大多是有蓝本和原型的，在民间早有流传，但如果没有关汉卿的挖掘、整理与再创作，它们未必能有后来的影响力。

《救风尘》（《赵盼儿风月救风尘》）也是名篇。由于近年热播的电视剧《梦华录》，赵盼儿这一人物形象变得更具传播度，但关汉卿的原作却没得到足够的重视。可以说，《救风尘》是一部被低估的作品，由此可以窥见关汉卿隐秘的精神世界与心理状况。

《救风尘》篇幅不长，一共就四折，却讲了个颇为曲折的故事：爱慕虚荣的汴梁妓女宋引章，不顾先前婚约，抛弃老实的书生安秀实。她因爱慕虚荣的性格被富家子弟周舍拿捏，周舍被宋引章的美色吸引，便想娶她为妻。深谙人性的赵盼儿出于姐妹情谊，劝说宋引章不要嫁给周舍，因为周舍是个不折不扣的纨绔子弟。正如《救风尘》开篇所言，"酒肉场中三十载，花星整照二十年，一生不识柴米价，只少花钱共酒钱"。周舍常年流连于风月场所，根本不适合结婚。

但是，宋引章却被周舍的甜言蜜语、猛烈追求所折服，她对周舍的认可，一方面是由于周舍有钱、有地位，但也的确与他用心的追求有关。周舍追求宋引章的话术是相当有技巧的，说得宋引章心中痒痒的，"一年四季。夏天我好的一觉响睡。他替你妹子打着扇。冬天替你妹子温的铺盖儿煖了……"夏天打扇，冬天暖床，这种话从一个公子哥口中说出，而且诉说对象是一个比他社会地位差很远的妓女，在当时的社会观念里，也是不容易的。

关汉卿这样的设置，其实相当高超，他既没有把"反派"周舍塑造成一个毫无亮点的恶霸，也没把看似"清白"的宋引章，写成一个纯真无瑕的女子。不论男女，都是在世间沉浮的生命，其中黑白正邪，有时并不会直接展现出来。每个人都是复杂的，而且都是在特定生存环境下的产物，都在世俗欲望之间挣扎。这正体现了关汉卿对世道人心的观察能力，并不加避讳地记录与呈现。

就在人们以为周舍能够一改前非之时，他刚把宋引章娶回家，就狠狠地打了她。周舍不认为家庭暴力有什么过错，在他和那个时代很多男性看来，打老婆纯属自己的私事，外人无权干涉。关汉卿为什么要这样写？仅仅是为了塑造一个反面人物形象吗？

其实，关汉卿在其中另有寄托。他在元大都与珠帘秀等青楼歌妓深入交往后发现，很多寻欢的男人，对待妻子和妓女的态度是截然相反的。当时的人结婚只讲究门当户对，男人娶妻是为了传宗接代，或者满足家族的要求，连爱情都少有，更别说一见钟情了。妻子也往往只能扮演相夫教子的角色，极少展露情欲，否则就会被视为无礼。而青楼女子则要极力迎合男性，满足其色欲。因此，周舍对待宋引章的两极态度，正是上述观念的体现，周舍一旦娶宋引章为妻，就不会再从"追求者"与"满足者"的角度去看待她，而是当成自己的"私产"，可以随意踩躏。

宋引章向赵盼儿求助后，赵盼儿想出一条妙计，假装爱上周舍，以其美色诱惑周舍。周舍上当后，赵盼儿还假装吃宋引章的醋，让周舍休掉宋引章。周舍不知是计，便照做了。赵盼儿救下宋引章后，周舍才知上当，并以赵盼儿与他假结婚为罪名，要求衙门惩办赵盼儿。情急之下，安秀实登场，证明自己才应是宋引章的丈夫。最后，周舍被认定强抢人妻，被打了六十大板。

关汉卿为什么要写《救风尘》这样一个故事？这还要从他的生平事迹和精神世界谈起。

在历史上，有一类看似玩世不恭、风流不羁的文人，其实未必生来就是所谓的"纨绔子弟"，而是囿于现实环境而不得不转变心态，从内心深处到外在表现，都与传统儒家知识分子的模样渐行渐远。元曲和杂剧大家关汉卿，就是其中的典型人物。细细探究关汉卿的内心世界，或许也能一窥那个时代文人的精神状况。

古代读书人普遍都有"居庙堂之高"的渴望，读书不仅为了求知，也是为了求官，通过科举博取功名，改变自身乃至整个家族的命运。但是，元朝统治者对科举之事很不上心，一度长期不开科举，即便偶尔开了科举，还分左右榜，录取人数也很少。对大多数读书人尤其是非书香世家者来说，科举这条路就几乎没法走了，求学的性价比变得很低，还不如学门手艺，起码能安身立命，在社会上混口饭吃。而且，在元朝，老百姓被按照职业类型分门别类，比如养马的是马户，打铁的是铁户，在驿站的是站户……在严苛的户籍制度下，百姓很难突破本阶层的命运，只能在底层挣扎。

关汉卿是出身医户的医生，虽说不算好，但也不算特别差，起码能让他在青少年时代读书识字。而且，医生这个职业，也能让关汉卿更了解百姓的疾苦，更早地感受人间的苦乐悲欢。古今中外很多作家，如鲁迅、契诃夫，都有从医的背景，关汉卿也是如此，他在望闻问切之时，自然会心生悲悯意识，对个体也好，对全社会也罢，都怀有强烈的同理心。

从这个意义上讲，关汉卿虽然有与历代文人相似的"精神起点"，却不具备任何成为官宦世家的可能性，他与广大劳动人民有着天然的关联与认同感。这也成为关汉卿后来植根民间、深入社会创作大量动人作品的重要因素。

虽然史书上关于关汉卿的记录很少，但从有限的史料里我们还是能看到，关汉卿在青年时代曾有过一段"北漂经历"——在元大都生活，一面靠手艺赚取微薄的收入，一面在勾栏瓦舍里、舞台歌榭之间流连忘返，与诸多青楼名妓、杂剧名家唱和、交游。

同为元曲大家的钟嗣成，曾在《录鬼簿》中盛赞关汉卿："驱梨园领袖，总编修帅首，捻杂剧班头"，而按照元代大儒郝经的说法，关汉卿"不屑仕进，乃嘲风弄月，留连光景"。可见，在同时代的文人、学者眼中，关汉卿也不是个对做官、图取功名很感兴趣的人，他更多的时间和精力都消耗在梨园戏台和风月场所了。

关汉卿也在《一枝花·不伏老》中自我调侃：

> 我是个普天下郎君领袖，盖世界浪子班头……通五音六律滑熟，甚闲愁到我心头？伴的是银筝女银台前理银筝笑倚银屏，伴的是玉天仙携玉手并玉肩同登玉楼，伴的是金钗客歌金缕捧金樽满泛

金瓯。你道我老也，暂休，占排场风月功名首，更玲珑又剔透。

他还看似得意地说：

> 我是个蒸不烂、煮不熟、捶不扁、炒不爆、响珰珰一粒铜豌豆……我也会围棋、会蹴鞠[1]、会打围[2]、会插科[3]、会歌舞、会吹弹、会咽作[4]、会吟诗、会双陆[5]，你便是落了我牙、歪了我嘴、瘸了我腿、折了我手，天赐与我这几般儿歹症候，尚兀自不肯休。则除是阎王亲自唤，神鬼自来勾，三魂归地府，七魄丧冥幽。天哪，那[6]其间才不向烟花路儿上走！

如果说前半段，说明关汉卿只是不怎么在乎别人的看法，如唐伯虎所言，"别人笑我太疯癫，我笑别人看不穿"，而后半段，则是一副浪荡公子哥的做派了，甚至有点"混不吝"和"油盐不进"的倔强姿态。

从心理认知的维度来说，一个人如果真的不在乎外界的评判，完全顺遂自我意志，也不愿意参与世事纷争，那么他的表现往往是异常平静的。比如陶渊明、林和靖这类隐士的心理，往往呈现出悠然恬淡的形象。但是，关汉卿却不是这样，这些兼有幽默和执拗之态的言语，更像是对外部刺激的某种特别反映，是看似玩世不恭的反抗。在这种抗争中，关汉卿特立独行

---

1 即古代的足球。

2 即打猎。

3 插科打诨，元杂剧中的表演形式。

4 即唱歌。

5 双陆棋，古代一种棋类游戏。

6 古文中，那、哪两字经常混用。

的姿态得以彰显，他叛逆的个性与激愤的情绪，也有了某种"合理性"。[1]

勾栏之间的曲子，都是可以唱出来的，今天我们只能看到关汉卿的文字，却已经听不到他的唱曲了。但可以想象，在一群看似落魄的文人与粉妆玉琢的美人之间，这位北漂才子，总是能编出感人至深的唱词，吟出内心的幽怨与愤懑，引得全场的喝彩。看客们向关汉卿鼓掌致意，不仅是赞赏其才华，更是情感共鸣的表现。

关汉卿的曲子也好，杂剧也罢，选字用词都非常通俗，不会故意追求佶屈聱牙，却能达到雅俗共赏的效果。即便是当时一些身居高位的文臣，虽然嘴上不一定承认关汉卿的才华，却也会默默关注乃至支持其创作。元大都相对多元和包容的创作氛围，也帮助关汉卿的作品向全国各地传播。一时间，关汉卿名声大噪，凡是进入风月场所的人，无论是文人骚客还是走卒贩夫，都或多或少地了解他的作品，这也让那些经典的曲子和杂剧得以在民间长期流传。

《救风尘》的结局是大团圆式的，行侠仗义的赵盼儿最为光彩照人。但我们不应忘记，赵盼儿这样有谋略、重情义的女性，却是被蹂躏的青楼女子。在关汉卿笔下，她们也有爱恨情仇，也有欲望与挣扎，与其他人一样，都是应该被尊重的人。关汉卿在一个重男轻女的社会里，能有如此想法，是突破那个时代的局限性的。

其实，《窦娥冤》也是这样充满人间大爱和人道关怀的作品。此作到底

---

[1] 在传统儒家读书人的观点来看，关汉卿的风流浪荡，根本不会被理解和尊重，会被贴上"不务正业"的标签，至于进入文坛"经典"之列，就更别想了。但是，关汉卿偏要与传统观念不同，这既是其内心世界的真实呈现，也是外部社会环境逼迫的结果。

从古至今上演了多少次，被改编成多少种文艺作品，已经不可计数了。《窦娥冤》全名为《感天动地窦娥冤》[1]，故事之所以非常经典，除却文学技法上的美感，也在于它触动了千百年来民众最敏感的心弦——呼唤正义与公道。

虽然窦娥的故事蓝本是《汉书》中"东海孝妇"一事，但关汉卿一改前人借古讽今的做法，将窦娥设置在元朝的时代背景下。换言之，故事里窦娥的冤屈、衙门的黑暗，就活生生地出现在关汉卿所在的社会。这样做是非常大胆的，直接撕破了元朝权贵们虚伪的嘴脸，让观众、读者们大呼过瘾。这让人们更强烈地感受到，窦娥之冤只是当时社会的一个缩影，还有很多根本不被关注的窦娥、没得到平反的冤狱，就在各个角落里，就在百姓身边。

关汉卿这种"操作"，其实也是相当高明的：一方面，他借助角色之口，去呼喊百姓的心声；另一方面，又通过"感动上天"之类的玄幻情节，让人们获得了精神慰藉，避免了与权贵话语的直接碰撞。由此一来，民间话语才能更加安全地长期存续，并在百姓的口耳相传中不断得到加强。

---

1 实际上关汉卿的杂剧名字，基本都是六到八个字，三字为后世简称。

《元史》
里的忠义叙事

在元明清时期，普通人能中进士的难度非常大，一旦考上进士，不仅意味着在事业上可以登堂入室、春风得意，也能光耀门楣，连祖宗、亲戚也跟着沾光。而在古代读书人心目中，能够考中进士甚至前三甲（状元、榜眼、探花），那都是皇帝的恩赐，是天子给予的巨大荣耀，由此会对皇帝和朝廷产生极大的忠诚感。在一些特殊时刻，这种忠诚感会呈现出非同寻常的力量。

比如，清朝乾隆元年（1736年）的进士刘起振，虽然在进士榜单上排名倒数第二，却对皇帝无限感激。他是广东潮州人，生于顺治六年（1649年），从小就十分聪颖，酷爱读书，但直到快90岁的时候，才考上进士。

乾隆对他格外看重，让他进入翰林院工作，后来在他103岁的时候，听说乾隆南巡浙江，竟然拖着老迈之躯，从广东到浙江迎驾。史书上说："在籍翰林院侍讲刘起振年一百三岁，自粤东来浙迎驾，赐御制诗章并御书匾'词垣耆瑞'。"乾隆非常感动，大笔一挥，还赋诗一首："台背耸隆肩，来瞻跸路边。成名后梁颢，得寿拟彭篯。人瑞今犹古，经传后继前。越都无虑远，应是地行仙。"[1]

---

[1] 诗中的梁颢，是历经唐末、五代、北宋多代的读书人，直到82岁才中了状元，是历史上年纪最大的状元，而彭篯就是传说活了800岁的上古圣贤彭祖，乾隆这是通过典故来褒奖刘起振，顺便也自夸一下自己的"丰功伟绩"，毕竟，一般只有在太平盛世才会出现高寿读书人和高龄进士。

刘起振在迎驾乾隆不久后就去世了，几乎是拼了老命也要当面叩谢乾隆的恩赐。像他这样对皇帝忠诚的进士，在历史上还有很多。甚至在山河破碎之际，以死殉国、不负皇恩者，也大有人在。比如明朝崇祯十六年（1643年）的进士孟章明，虽然在当年的进士榜上排名倒数第三（可以说，差点就落榜了），而且是明朝最后一届进士，国家灭亡在即，还没来得及被朝廷封官，却对明朝十分忠诚。次年，李自成攻破北京城，崇祯自缢而亡，孟章明与妻子，和曾经在天启二年（1622年）考中进士的父亲孟兆祥，全部自杀殉国。

明朝灭亡之时殉国的进士还有很多。比如，与孟章明同年考上进士的万发祥。听闻崇祯死后，便决心殉国，先后服毒、绝食却没死成，后来被李自成的大顺军俘获。李自成想让他做新政权的官，他坚决不从，就被残酷拷打，一度遍体鳞伤、奄奄一息。后来清军入关，万发祥跟随南明朝廷勇猛抗清，最后在战斗中连中数刀，壮烈殉国。

再如，在崇祯七年（1634年）考取状元的刘理顺，在墙壁上写下"成仁取义，孔孟所传，文信践之，吾何不然"这十六个字后，服下毒酒自尽。他的儿子、妻妾与仆人等将近20人，也全部自缢殉国。

儒家讲究"移孝作忠"，对父母的孝顺与对皇帝的忠诚是一回事，反之亦然。《孝经》有言："君子之事亲孝，故忠可移于君。"所以，古人说起那些违背道义之人时，会说他们"不孝不忠"，在传统道德里，忠孝完全一体化了。从政治上看，这种思想有助于皇帝加强对人，尤其是对读书人的思想控制。千百年的精神操练，让古人对忠孝问题变得十分敏感。"移孝作忠"观念在巩固君主统治的同时，实际上也成了古人在命运转折点上进行抉择时的关键要素。

即便在元朝，出于"移孝作忠"的精神感召力，一些人在王朝覆灭之际，也会殉国以明志。他们未必是真正的既得利益者，却自认为应该成为皇帝的忠仆，对君主的忠诚应当与对父母的孝顺一样。也正因此，在殉国之时，一些人都是携家带口地走上绝路，似乎以此才能证明自己的忠义。

《元史·忠义列传》多达四卷，记录了不少殉元之人的故事。这其中既有蒙古人，也有汉人、色目人，甚至还有朝鲜人。

比如，全普庵撒里就不是蒙古人，而是来自高昌的色目人，他也对元朝皇帝十分忠诚。在与陈友谅作战不利时，他身边的人都准备投降，但他誓死不降，最后自刎而死了。

再如，来自高丽的朴赛因不花对元朝也十分忠诚。他这个名字很有意思，朴是朝鲜人的姓，赛因不花是蒙古人的名。[1] 朴赛因不花很受元朝皇帝宠爱，一度做到中书省的平章政事。在明军攻破元大都时他负责守城，眼见首都被占，很多达官贵人都逃跑或投降了，他却不愿意投降明朝。明军见他宁死不降，只好把他杀了。

像朴赛因不花这样在元大都被明军攻破时殉国的人还有一些，比如郭庸和丁好礼。他们都为元大都而战斗到最后一刻，在徐达率领的明军的猛攻之下，最终还是被俘虏了。他们都被带到成化门[2]，徐达让郭庸向他跪拜，但郭庸誓死不从，还说："臣各为其主，死自吾分，何拜之有！"丁好礼也慷慨陈词："我以小吏，致位极品，爵上公，今老矣，恨无以报国，所欠惟一

---

[1] 这种姓名组合方式，在蒙元帝国不少见，如窝阔台时期的猛将杨杰只哥，跟随蒙哥出征的汉族将军郑也可拔都。

[2] 成化门在今天北京朝阳门附近。

死耳!"两人最后都被明军杀死,在死前留下的豪言壮语,被《元史》记录下来,成为《忠义列传》的亮眼之笔。

在史书上与陈友定、柏帖木儿并称为"闽三忠"的迭里弥实,本来是色目人,但对蒙古皇帝也十分忠诚。在元朝灭亡之际也有豪言壮语:"吾不材,位三品,国恩厚矣,其何以报乎!报国恩者,有死而已。"明军也曾想招降迭里弥实,没想到他竟然身穿官服,向北拜了拜,用斧头把官印砍烂,又写下"大元臣子"四字,端坐在椅子上,手持佩刀割喉而死。

按照《元史》上的说法,迭里弥实的做法十分悲壮,场面非常震撼,连旁观此事的百姓都哭了:"即入位端坐,拔所佩刀,剌喉中以死。既死,犹手执刀按膝坐,俨然如生时。郡民相聚哭庭中,敛其尸,葬东门外。"对一些帝王来说,朝代更迭无非成王败寇,但对身处其中的忠义臣子来说,就是世界观的崩塌。他们以壮烈之举殉国,虽在现代观点看来有愚忠的一面,但在古代历史典籍里他们却是值得青史留名的忠勇之人。

古代知识分子对于皇权思想的认同也与"移孝作忠"的思想有关,其中有不少人也会随着朝廷覆灭而殉国。元朝虽然不太注重科举考试,但少数考取进士的读书人还是在元朝灭亡之际走上了殉节之路。

对元朝的汉族读书人来说,虽然科举考试时兴时废,[1] 想做官也不一定通过科举,但仍有很多人在科举路上潜心钻研。然而,相比明清时期的进士,这些优异学子的影响力和知名度就差远了,所以即使他们有某些特别的事迹

---

1 元朝人考进士,有左右榜之分,蒙古人、色目人在左榜,汉人在右榜,录取人数都很少,而且前者不如后者竞争激烈,毕竟蒙古人、色目人在学习儒家典籍上天然存在语言和文化上难处,甚至很多人在当时都不愿意学习汉语。即便如此,还是有一批精通汉学与儒家思想的蒙古人、色目人,在科举考试时金榜题名。

也很少为人所知。

张栋是元朝最后一届右榜状元,具体事迹不详。他高中状元的时候是元顺帝至正二十六年(1366年),距离元朝灭亡只有两年时间。张栋在史书上没留下只言片语,反倒是他的妻子王氏,在亡国之时决绝地说:"吾为状元妻,义不可辱。"然后便投井自杀殉国。

再往前看,元统元年(1333年)的进士里,也出了几位殉国的忠义之士。以后世的眼光看,这一届里最有名的人当数刘伯温,但在当时,他的名气并不大,考试排名也在偏后的位置。排名第一的人叫李齐,幸运地高中右榜状元,一时风光无限。但他很快就遇到了元末乱世,在与张士诚的军队作战时,他被俘了。张士诚让他下跪,他不从,张士诚竟然将他膝盖击碎后残忍地杀害了。史书上说:"士诚呼齐使跪,齐叱曰:'吾膝如铁,岂肯为贼屈?'士诚怒,扼之跪,齐立而诟之,乃曳倒,捶碎其膝而嗢之。"

与李齐同届的进士里,有个蒙古人叫丑闾。[1] 史书上关于丑闾的记载不多,但在仅有的史料里,他也留下了忠勇的举动。

《元史·忠义列传》有记载:"湖广为寇陷,皂隶辈悉起,剽杀为盗,亦拉三以从。三辞曰:'贼名恶,我等岂可为!'众初强之,终弗从,怒将杀之,三遂唾骂,贼乃缚诸十字木,舁之以行,而刲其肉,三益骂不止。抵江上,断其喉,委去。其妻随三号泣,俯拾刲肉,纳布裙中。伺贼远,收三血骸,脱衣裹之,大泣,投江而死。"丑闾惨死之后,连他的妻子都随之而自缢殉节了。

---

[1] 丑闾这个名字,在蒙古人里比较常见,类似拔都、脱脱、伯颜这种名字,有时还写作"丑驴",很容易让人混淆。

在王朝末年，这种事情其实很多，但由于史料匮乏与信息传播受限，很多人并不知道这类人物和故事，即便在古代，过了朝代更迭的阶段，它们就只是故纸堆里的一些文字了。在这背后的对抗与幻灭，挣扎与痛苦，都随着时间的消逝而化作尘埃。如果不是刻意挖掘它们，恐怕很多故事就永远地沉睡下去了。

在这些殉节者里，有人是感念皇恩，只是愚忠；有人是顾全大局，杀身成仁；还有人将百姓的生死安危放在心中，并非为了一个皇帝或王朝殉葬，而是真正顾及人民的利益。最后一种人在任何时期都是值得肯定、值得后世追念的。

曾做过元朝礼部尚书的李黼，与起义军作战时非常英勇，城破之时还在坚持巷战。战到最后一刻，他对敌军高喊："杀我！毋杀百姓！"敌军见状，便一枪将他刺于马下，临死之时，他还骂声不绝，并无惧色。史书上说："郡民闻黼死，哭声震天，相率具棺，葬于东门外。"虽然李黼所在的元朝朝廷已经无比黑暗、腐朽透顶了，但他仍是个百姓心中的好官，即便在乱世之中、败亡之际，还是守住了儒家传统知识分子的底线。从这个意义上讲，后世在评判一个历史人物品行高低时，并不会完全从成王败寇的角度看，而是能够结合其言行事迹来评判。

毕竟，自古以来的很多事，公道自在人心，殉节者令人感念的，绝非他们效忠的掌权者，而是坚守道义之下的一抹亮色。越是在混乱的变局之下，这份坚守越显难能可贵，哪怕是站在利益对立面的历史记录者，也不会不承认他们的忠义之举。

《通制条格》：
古代案件里的小人物故事

元朝至治三年（1323年），元英宗颁布《大元通制》，作为国家的正式法典。此书包括2539条法律，涵盖方方面面，其中的条格部分就是《通制条格》。它原先有88卷，经后世战乱，至今仅存20多卷。

《通制条格》里有个刘乖乖的故事，让人印象深刻。《通制条格》卷第三有记载：

> 大德四年十月，中书省河南行省咨：李百家奴告，定到刘换住妹刘乖乖与弟李五儿为妻，下讫钞绢钗钏，五儿身故，李四十系一父母所生小叔。虽有妻室，即系应继之人。礼部议得：刘乖乖虽是定婚，未曾过门，其李四十已有妻室，二者俱难收继。令刘乖乖别行改嫁相应。都省准拟。

元成宗大德年间，有个叫李百的人。他豢养的家奴向官府状告：李百的弟弟李五儿，与一个名叫刘乖乖的女孩已经订婚，连绫罗绸缎、聘礼都已经给了，不料李五儿却突然死了。按照蒙古过去"收嫂"的风俗，李五儿的同胞兄弟李四十，可以接着娶刘乖乖为妻。但到了大德年间，元朝的汉化程度已经比蒙古帝国时期高多了，儒家文化也冲击着蒙古的旧风俗，很多人觉得李四十娶李五儿的遗孀，在伦理上说不过去。于是经过官府裁定，同意刘乖乖改嫁他人，不必守寡，更不能嫁给亡夫的兄弟。至于具体原因，则主要是出于两点考虑：一者，刘乖乖还没过门，严格来说不算已婚女性。再者，李四十已经有老婆了，再找一个也不太合适。[1]

《通制条格》卷第四里有个争家产的故事：

> 至元三十一年十月，中书省礼部呈：大都路申卢提举妾阿张告争家财。检会旧例：诸应争田产及财物者，妻之子各四分，妾之子各三分，奸良人及幸婢子各一分。以此参详，卢提举元抛事产，依例，妻之子卢山驴四分，妾之子卢顽驴、卢吉祥各三分。都省准呈。

一个姓卢的提举[2]，家里有个叫阿张的小妾，向官府申告家产争议。大概是家人内部关于如何分割家产，实在不能达成统一意见，只能上报衙门，请求裁定。按照法律规定，卢提举的田产和财务，正妻所生的儿子能拿到四成，而小妾生的儿子能拿到三成，还有一成由奴婢之子去拿。可见，当时一个男人的妻妾和奴婢，都对分家产有一定的参与权，只是根据身份等级不同，拿到的家产各不相同。

这位卢提举儿子们的名字，也颇有时代特色。嫡子名为卢山驴，庶子名叫卢顽驴，听起来十分不雅。但在元代，名字里带"驴"的大人物也不少，比如有进士和户部尚书就叫丑驴。或许因"驴"字不太文雅，有人改写为"闾"，其实丑驴、丑闾是一个意思。这种蒙古人的起名习惯，也影响了汉人，卢山驴、卢顽驴在正史上没留下丝毫足迹，但在当时应该是生活还

---

[1] 从此案中，不仅能看出，元朝平民百姓的名字，多为数字，如四十、五儿，而女孩子的小名、昵称，则与今日一样可爱，如乖乖，大概就是今天宝宝的意思。

[2] 提举，古代官职名，地方主管之义。

算优渥的老百姓。卢提举的小儿子卢吉祥,名字倒是"正常"多了,却因为地位最低,分到的家产最少。

《通制条格》卷第十七里有个因封建贞烈观念而死的女性的故事。《通制条格》卷第十七有记载:

> 皇庆二年十月二十九日,中书省奏:"大宁路管辖的高州玉甃寨[1]赵哇儿小名的妇人,年二十岁,他男儿病重呵,与夫同亡,么道说誓来。在后他的男儿没了呵,那妇人教做了大棺子自缢死了,和他男儿一个棺子里埋葬了有。妇人每似这般殁了男儿,贞烈与夫同死的上头,合除免杂泛,旌表门闾。"么道辽阳省官人每备本处廉访司文字,俺根底与将文书来。俺商量来,他每说的是有。奏呵,奉圣旨:是好勾当有。止免杂泛呵,轻有。本户的差役也除免者。么道圣旨了也。钦此。

元朝的奏章乃至圣旨里,都有不少文白混杂的情况,这从侧面说明,当时不少官吏的文书水平不高,官府的行政管理能力堪忧。

在玉甃寨这个地方,有个叫赵哇儿的二十岁女子,丈夫得了重病,临死之前很担心她的未来。赵哇儿却不肯独生,非要随丈夫一同去死。丈夫病死后,赵哇儿果真自缢身亡,家人将他们放到一口棺材里安葬。此事感动了官府,便表彰赵哇儿为烈女,还为其家人免去赋税。

---

[1] 奏章里出现的地名——大宁路管辖的高州玉甃寨,仅在古籍里出现过一次。大宁路,是元朝辽阳行省下辖的行政区,大概相当于今天的地级市,而高州的位置,大概位于今天内蒙古赤峰的敖汉旗附近。高州,相当于今天的县,玉甃寨应当就是村镇之名了,具体位置完全不可考了。

此事后来被记载于《新元史》列女传相关部分，记述者对这个故事做了一些简化。《新元史》卷二百四十四有言：

> 赵氏，名哇儿，大宁人，年二十。夫萧氏病剧，谓哇儿曰："我死，汝年少，若之何？"哇儿曰："君幸自宽，脱有不讳，妾不独生，必从君地下。"遂命匠制巨棺。夫殁，即自经死，家人同棺葬焉。

赵哇儿，在古代的伦理标准里，就是个纯粹的贞洁烈女。而从今天的观念来看，则有愚昧之处，但像她这样的女子在古代并不少见。

此书还记载了一个杨马儿的故事，他竟然在地主田里挖出宝贝。《通制条格》卷第二十八有言：

> 元贞元年闰四月，中书省刑部呈：大都路[1]杨马儿[2]告，于梁大地内与杨黑厮[3]跑土作耍，马儿跑出青瓷罐一个，于内不知何物，令杨黑厮坐，罐上盖砖看守。马儿唤到母阿张将罐跑出，觑得有银四定，银盏一个，私下不敢隐藏。本部议得：杨马儿于梁大地内跑出课银四定，银盏儿一个，拟合依例与地主梁大中分。缘杨黑厮曾经看守，量与本人银十两，余数杨马儿与地主两停分张。都省准拟。

---

1 元大都，即北京，京城一带在元代为大都路。

2 X 儿、XX 儿是元朝普通百姓的常见名。

3 黑厮，并非贬义词。只是因为《水浒传》影响太大，很多人以为叫李逵为黑厮，就是蔑称。其实黑厮是个中性词，就是说一个人长得很黑。元朝名叫黑厮的人不少，老百姓和将军都有叫黑厮的。

此案的复杂之处，在于杨马儿、梁大、杨黑厮都属于挖到宝贝的利益方。按照法律规定，银锭和银盏都是从梁大的土地里挖出来的，肯定要分给梁大一部分，剩下的就归杨马儿。但是，如果没有杨黑厮与他一起玩耍、帮忙看守和维护安全，估计宝物早就不翼而飞了，因此，银子的大头应该分给杨黑厮。这起判例，说明元朝法律在具体执行中，能做到具体问题具体分析，根据实际情况来判决。

对于今人而言，虽然《通制条格》是法律典章，读来却毫不乏味，因为它记录了不少法律案件，且涉及大量不见于史书的民间事件，具有极高的阅读价值。而且，其中有不少奇人奇案，讲述了元朝一些民间小人物的故事，读来也很有趣味。

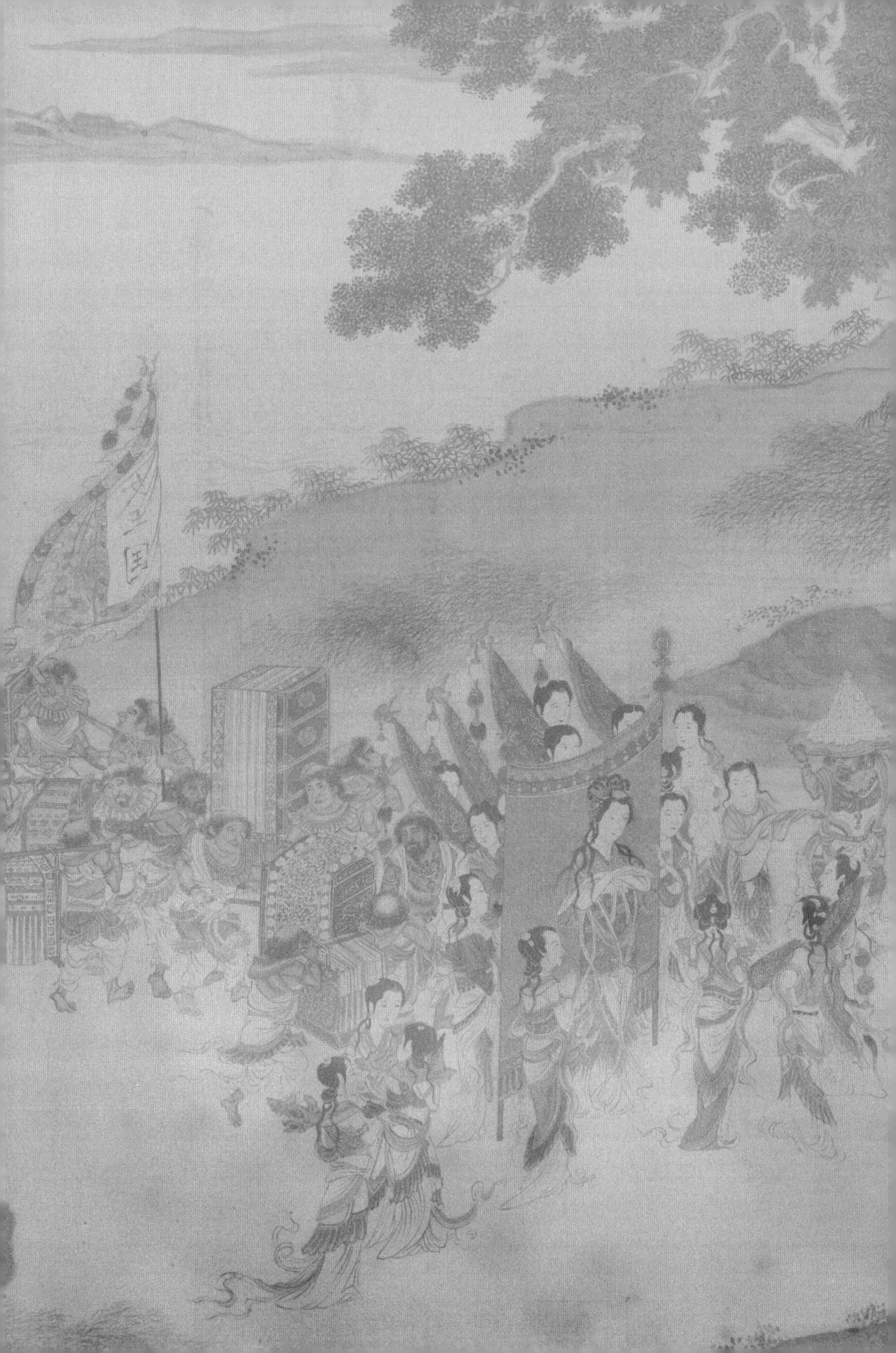
女王国

第三辑·明清万象

典籍里的中国

《草木子》：
元末明初的社会万象之书

元末明初学者叶子奇，以学识渊博著称。他在文学、历史、哲学、博物学、医学等领域都有所造诣，但流传后世的作品不算多，其中知名度最高者就是《草木子》。若非机缘巧合，此书恐怕也难以问世。

洪武十一年（1378年），叶子奇运气不佳，有次他路过城隍庙的时候，一群小吏正在偷喝猪脑酒。此事本来与叶子奇无关，但尽管他只是旁观的路人，官府却以此为名将他下狱。在狱中，叶子奇想起左丘明、司马迁等历史上忍辱负重的人物，便也发愤著书，以此明志，这便是《草木子》的由来。正如叶子奇在书中所言，"闲而无事，见有旧签簿烂碎，遂以瓦研墨，遇有所得，即书之"，即便身陷囹圄，他也没放弃著书立说的信念，便凭借平生所学所思，将不少碎片化的知识整理为笔记。

可以说，《草木子》是一本元末明初的社会万象之书。《草木子》涵盖内容很多，既有天文万象，又有史料钩沉，其中关于元代历史、风物的诸多记录几乎是独家的，价值很高。

先来说说天文方面的内容。叶子奇博览群书，形成了古代文人少有的唯物论思维，他认为世间万物的运行是有自然规律的，"时有春夏秋冬，风有东西南北，是亦风气一周而成一岁也。然恒风不应而有休废之气，是则时政之失而废天常也"。至于那些暂时不能被解释的自然现象，也在历史上出现过多次，并没有多么奇怪。风雨雷电、花草树木都是自然界的组成元素，无论四季流转，还是天降异象，本身都是自然规律。在那个时代，他就能够形成这样的朴素认识，具备现代科学的基础素养，可谓十分难得。

叶子奇的概括能力很强，语言非常简洁，《草木子》中金句频现。"中者，不偏不倚，无过不及，天然之体也；庸者，亘古亘今，不迁不变，常然之道也"——这是叶子奇对中庸思想的简单概括，即使在今天看来，也十分精妙。古今阐释儒家经典学说者多如牛毛，而言简意赅者却寥寥无几。这并非因为圣贤之言多么晦涩难懂，而是很多微言大义在后世的不断阐发中变得更加复杂，也十分乏味。但叶子奇的思想一点都不晦涩，他总能用最简单的语言说出最深刻的奥义，这也让他的文史笔记"干货"很多。

如刘秉忠帮助忽必烈规划元大都的历史，《草木子》也有记录。"元世祖既一天下，问刘太保曰：'今之定都，惟上都、大都耳。两处何为最佳？'刘曰：'上都国祚短，民风淳；大都国祚长，民风淫。'遂定都燕之计。"[1] 这段刘秉忠关于选择元大都还是元上都的史料，不见于同期其他文献。后世采用此史料者，应该都是选自《草木子》这段原始记载。

虽然叶子奇写《草木子》之时已是明朝，但他对于之前的元朝并非持全盘否定态度，对忽必烈还是比较认可的。他在书里还写了不少关于忽必烈的小故事。"元世祖皇帝思太祖创业艰难，俾取所居之地青草一株，置于大内丹墀之前，谓之誓俭草，盖欲使后世子孙知勤俭之节。至正间，大司农

---

[1] 此处的刘太保，就是忽必烈很信任的大臣刘秉忠，在他的建议下，忽必烈最终决定定都北京，是为元大都，并让刘秉忠参与都城的规划和建设。

达不花公[1]作宫词十数首，其一云：'墨河万里金沙漠，世祖深思创业难。却望阑干护青草，丹墀留与子孙看。'"

有一次，忽必烈想起当年成吉思汗创立蒙古帝国实属艰难，认为后辈应该学习其艰苦奋斗的精神，勤劳节俭，不能奢靡放纵。到了元顺帝至正年间，一个名叫达不花的大司农，还写诗评点此事。这几乎是叶子奇的独家记载。从名字来看，达不花应该是个蒙古人，虽在当时官位不低，却也是湮没在时间长河中的籍籍无名之人，再无其他记载。后来，晚清学者陈衍在《元诗纪事》中收录此诗，才让达不花和他的诗句，又增加了一丁点的"曝光率"。

在历史上，还不知道有多少类似的文人、官员，根本没得到在史书上"露脸"的机会。能在叶子奇书中"曝光"的历史人物，或多或少也得有点传奇色彩或娱乐价值，要不然也不会收录在《草木子》中。

最难得的是，叶子奇还在《草木子》中记载了一些民间小人物的故事。在古代，普通人哪怕仅是被记录进学者笔记也需要有不寻常的故事。庸庸碌碌者，恐怕无法被人关注到。

绍兴路有一女子，失其姓氏，年及笄，欲守志不嫁。因秦王伯颜乱，欲刷天下子女……及定情之夕，题一诗于壁上云："我年一十有九，面貌如花似柳，父母逼勒成亲，只得欢喜忍受，自小六根清净，如何一夜弄丑？洞房花烛休休，清风明月皎皎。"既写，掷笔而逝，乡里称异焉。

---

[1] 大司农是元朝主管劝课农桑的官员。此处叶子奇称其为"达不花公"，说明明代文人对元代一些汉文化修养较深的诗人、官员还是比较尊敬的。

元朝末年，伯颜乱政，不仅祸乱朝纲，还祸害百姓，强令很多年龄尚小的女孩必须嫁人。大人物的一点恶念，就会给民众制造巨大的痛苦，当时，在江南有个女孩子，按照伯颜的命令她必须嫁人，父母也给她安排了婚姻。但这个女孩很有独立精神，誓死不嫁，新婚之夜竟然在墙上写诗明志，宣告自己绝不嫁人的决心。写完这首诗，扔下笔，她就死去了。

此事仅见于《草木子》，又是叶子奇记录的独家故事。可能它在民间有很大的影响力，以至于几十年过去，直到叶子奇写《草木子》之时还对此事念念不忘。这个在历史上完全没留下姓名的女孩，却以决然的姿态留在了《草木子》中，或许在叶子奇心中，这样刚烈的女子与历史上那些以死明志的文人一样令人敬仰。

《古今风谣》：
才子杨慎的民谣故事集

"滚滚长江东逝水，浪花淘尽英雄。是非成败转头空。青山依旧在，几度夕阳红。白发渔樵江渚上，惯看秋月春风。一壶浊酒喜相逢。古今多少事，都付笑谈中。"明代嘉靖年间的才子杨慎书写的这首《临江仙》早已传唱大江南北。但杨慎一生著作颇丰，值得关注的作品绝非只有怀古之作。他还编撰过一本中国古代民谣集，整理了从上古到明代嘉靖时期的280多首民谣，是为《古今风谣》。杨慎的博学与史才，在此书中得到充分展现。

上古时代就有民谣，如"立我蒸民，莫匪尔极。不识不知，顺帝之则"。此谣最早见于《列子》，杨慎将它收入《古今风谣》，是为全书第一篇。这段民谣的背景，是尧微服私访到一个名叫康衢的地方，听到有孩童传唱此歌谣。这正是圣人之象，因为只有天下太平、百姓富足的时候，民间才会传出这些声音。于是，康衢在后来也引申出了四通八达的道路、国泰民安的景象等意思。杨慎敏锐地捕捉到这种民间情绪，将它录入书中，体现出他作为一个儒家传统知识分子的情怀，以及对尧舜之世的向往。

《古今风谣》的内容越往后，讴歌式的民谣就越少，后面的内容多为隐喻、预言，反映了普罗大众对政治的朴素理解和想象。如春秋晚期的民谣"梧宫秋，吴王愁"，这六个字很生动地隐喻了吴越战争中吴国的失败，越王勾践卧薪尝胆，一举复仇，吞并吴国。战国后期有民谣"秦为笑，赵为号。以为不信，视土上生毛"。这便是秦国攻灭赵国的民间预言，当时赵国连吃败仗损失惨重，长平之战后再无力与秦国抗衡，最终被灭。天下一统，已成大势，秦灭六国，也只是时间问题。老百姓对此看在眼里，明白在心里，但这些宏大的话题，他们是不敢公开谈论的，只能通过民谣或童谣的形式来表达、传播。

不过，当时还流传着民谣"楚虽三户，亡秦必楚"。这大概是楚国人传出的，他们有强烈的反秦意识，只要还有一口气息，都要找秦人复仇。这一观念伴随民谣在大江南北流传，到了秦始皇在位后期，几乎人尽皆知。起兵反秦的陈胜、项羽、刘邦都是原来的楚国人，从某种意义上讲，秦国最后确实是被楚国人灭掉的，再次验证了民谣的"准确性"。或许正因此，杨慎才将这条著名民谣录入书中，并将其视为时代风云变幻的一个重要隐喻。

汉朝的著名民谣多为老百姓议论天下时的隐晦表达。如西汉成帝时，有民谣"燕燕尾涎涎，张公子，时相见。木门仓琅根，燕飞来，啄皇孙，皇孙死，燕啄矢"，里面很多"燕"字，还有"飞"字，就是在讽刺汉成帝宠幸赵飞燕而耽误政事。到了东汉末年，讽刺董卓祸乱朝政的民谣更为有名："千里草，何青青？十日卜，不得生"——杨慎解释道："千里草为董，十日卜为卓。"后来这段民谣又随着三国故事广为流传，成了知名度最高的古代民谣之一。

杨慎在《古今风谣》里也记录了不少魏晋时期的民谣。西晋末年，匈奴南下，中原大乱，有民谣"天子何在？豆田中"，这又跟真实的历史对上了。《晋书》有记载，"至建兴四年，帝降刘曜，在城东豆田壁中"，说的就是西晋末代君主愍帝司马邺向汉赵皇帝刘曜投降，西晋灭亡。后来的东晋十六国、南北朝时期，诸多割据政权你方唱罢我登场，战乱频频，老百姓苦不堪言，民谣也变得更具讽刺意味了。隋唐之后，民谣虽多，但几乎都是批评、讽刺之声，老百姓通过民谣来表达不满，明君能从民谣中寻找政事的不足，而昏庸之君则对民谣毫不在乎。

不过，历史的走向最终还是由普罗大众决定的，民心向背决定一切。如果民谣中出现了百姓悲苦的声音，说明在浮出水面的声音之下，还压抑着大量无法言说的无奈。比如，唐朝末年就有民谣"草青青，被严霜。鹊始巢，复看颠狂"，从表面意思来看就知道这不是什么好的景象。后来的五代十国乱象，大概也在此埋下了伏笔。

对于宋元以来的民谣，杨慎有选择性地收录了一些比较经典的内容，如反映靖康之变的这条："喝道一声，下阶齐脱了红绣鞋。"杨慎还解释道，这是"后金人入汴，宫人皆驱逐北行"的历史。

元朝也有一些比较经典的民谣，如"皇舅墓门闭，运粮向北去。皇舅墓门开，运粮向南来"。这段民谣看起来有些莫名其妙，但结合其他史料，就能明白了。元人陶宗仪在记录宋元历史的《南村辍耕录》一书中有言："河间路景州蓨县河浒一土阜，相传为皇舅墓。自国家奄混区夏，即有谣云：皇舅墓门闭，运粮向北去。水淹墓门开，运粮却回来。"这里的蓨县，正是此民谣的诞生地，大概位于今天衡水市景县。

耐人寻味的是，杨慎还记录了"本朝"的一些民谣，如洪武年间的民谣"胡胖长，官人不商量"，正德年间的民谣"马倒不用喂，鼓破不用张"，嘉靖年间的民谣"前头好个镜，后头好个秤。镜也不曾磨，秤也不曾定"，等等。杨慎编撰《古今风谣》的做法，或许跟古代读书人常有的"考据癖"有关，遍寻各种史料，只为著成一书。但他的心思不仅如此，还在于以史为鉴，告诫世人要体察民情民意，从民谣中看到百姓所思所愿。在细微考据中都心系天下，这或许正是杨慎能写出《临江仙》的"底气"。这份"底气"不仅是回望历史的慨叹之气，也是直面历史镜鉴的浩然之气。

《庚巳编》：
明代奇闻故事集

年少时代往往是一个人想象力最丰富的时候，对于古人也不例外。明代嘉靖年间的文人陆粲以研读《左传》著称，但在他 25 岁中进士之前，却十分热衷各种脑洞大开的奇闻逸事。他在十几岁的时候就开始写一本叫《庚巳编》的书，主要记载了明代的奇人奇事，其中不少故事的真实性都不可考，但可以作为志怪小说来读。

《庚巳编》里有不少用科学和常识无法解释的怪事。比如，有篇《猪犬生儿》，属于志怪中常见的人兽故事：

> 壬申春，长洲阳城湖旁民家母猪产一雏，猪头而人手足。十二月十六日，嘉定二十二都民家犬生一儿，形状皆人，但足根短，背微有毛。或以人与畜交而生，理或然也。

《妇人生须》写的是长胡子的女人的怪事：

> 弘治末，随州应山县女子生髭，长三寸余，见于邸报，予里人卓四者，往年商于郑阳，见人家一妇美色，颔下生须三缭，约数十茎，长可数寸，人目为三须娘云。

还有《肉芝》这篇，与不少民间传说中的灵芝奇事很像：

> 癸酉春，长洲漕湖之滨，有农妇治田，见湖滩一物，白如雪，趋视之，乃一小儿手也，连臂约长尺许，其下作声唧唧。惊走报其夫，夫往看亦甚疑怪，掘之，其根不可穷，乃折而弃之湖。尝读《神仙感遇传》[1]云：兰陵萧静之掘地得物，类如人手，肥润而红，烹而食之，逾月发再生，力壮貌少。复值道士顾静之曰："神气若是，必尝仙药。"指其脉曰："所食者肉芝也，寿等龟鹤矣。"然则漕湖之物，正此类耳，乃不幸弃乎愚夫之手，惜哉！

民间有人认为肉芝有神性，吃上一口就能延年益寿。古人科学知识不丰富，对于很多稀罕的东西都会赋予神秘的想象，至于到底有没有想象中的奇效，就不为人知了。

还有一些历史人物和事件，也被赋予了神秘色彩，增添了传奇的魅力。

比如这篇《刘公望气》：

> 鄱阳之役，两军接战方酣。太祖据胡床坐舟端，指挥将士。诚意伯刘公侍侧，忽变色发谩言，引手挤上入舟。上方愕然，俄一飞炮至，击胡床为寸断，上赖而免。战胜之前一日，上疲极，欲引退，公密奏曰："姑少须之，明日午时，吾气旺矣。"已而果以翼午克捷。

在朱元璋与陈友谅当年鄱阳湖之战时，朱元璋坐在船头，指挥兵士作战。神机妙算的刘伯温突然感觉不妙，让朱元璋赶紧离开船头，紧接着，一发炮弹打过来，将朱元璋原来所在的位置炸得粉碎。刘伯温似乎已经参

---

[1]《神仙感遇传》是唐人杜光庭撰写的志怪小说集，记录了很多奇人怪事。

透了天机，知道在什么时候会被攻击，而朱元璋则气运非凡，后来的事实也证明了这点。

鄱阳湖之战的奇闻奇事，还有《棕三舍人》这篇：

> 棕三舍人者，棕缆也。太祖御舟师败陈友谅于鄱阳湖，死者数十万。返还，季棕缆于湖，冤魂凭之，遂能为妖。舟人必祭，否则有覆溺之忠。

古代战争极其残酷，几十万人葬身鄱阳湖，冤魂迟迟不能散去，竟然附着在船的棕绳上成了妖怪。如果后人经过鄱阳湖而不祭奠亡魂，就有翻船的危险。由这段记录可以看出，鄱阳湖之战作为一场元末规模盛大、战况惨烈的水战，给明代百姓留下了深刻印象，很多细节都有了神秘化的色彩。

对于地震、天降陨石之类的自然现象，《庚巳编》也有一些记录。

如这篇《腾冲龙》：

> 正德某年，云南腾冲龙卫地震。其初，日数十度，渐至十余度，后至一二度，凡半年乃止。有一山倾为平地，一村坊居民数十家，皆陷没入土中，余以震压死者不可胜数。民无宁居，皆即空旷处构庐舍以自庇。举人汪城者，家人尽宿后圃，夜半有龙见于圃中八仙桌上，头角尾爪悉具，其色白，若粉所画，扪之鳞甲刺手，但不觉其蠢动耳。居数日，来观者众，汪氏恐为家祸，取狗血涂之，乃灭。

《庚巳编》中还有《蝎魔》（"西安有蝎魔寺，塑大蝎于栋间"）、《人妖公案》("都察院以男装女魇魅行奸异常事")等篇目,也是故事性和神秘感俱佳,值得细细品读。

《花关索传》：
三国主题的明代爽文

古代三国主题的文学作品很多，话本、唱本、小说都有，只是《三国演义》名气最大而已。宋元以来，民间流传的三国故事内容各异，但基本的人物和主线，大多是清晰的。明朝嘉靖年间，《三国演义》进入很多人的书斋，渐渐占据了三国主题文学作品的"头把交椅"。相比之下，另一部可能诞生更早的三国故事《花关索传》，却长期以来默默无闻，不被广大读者知晓。

20世纪60年代，在上海嘉定的一座古墓中，出土了四本古代唱本：《新编全相说唱足本花关索出身传》（前集）、《新编全相说唱足本花关索认父传》（后集）、《新编足本花关索下西川传》（续集）、《新编全相说唱足本花关索贬云南传》（别集），四本合称为《花关索传》，其作者不详，大概成书于明朝成化年间。

从书名就能看出，此作以花关索为叙事主角，贯穿讲述了三国故事，全篇可以简单概括为四段故事：坎坷出身、艰难寻父、征战西川、败走云南。

第一段故事，讲的是花关索的出身。与《三国演义》差不多，故事起点也是刘关张三结义。但是，《花关索传》毫无桃园结义的浪漫，而是充满了莫名其妙的血腥：

关、张、刘备三人结为兄弟，在姜子牙庙里对天设誓，宰白马祭天，杀黑牛祭地。只求同日死，不愿同日生。哥哥有难兄弟救，兄弟有事哥哥便从。如不依此愿，天不遮，地不载，贬阴山之后，永不转人身。刘备道："我独自一身，你二人有老小挂心，恐有回心。"关公道："我坏了老小，共哥哥同去。"张飞道："你怎下得手杀自家老小？哥哥杀了我家老小，我杀了哥哥底老小。"刘备道："也说得是。"

为了所谓的"义气"，刘备竟然要关羽、张飞杀了自己的家眷，好像不这样就不能孤注一掷、谋求大事。狗血的是，作者还安排关羽、张飞互相杀死对方的家眷，而就在张飞几乎屠灭关羽全家的时候，看到关羽之妻胡金定，于心不忍，就放走了她。当时，胡金定已经怀有身孕，逃走之后生下一子，便是后来的花关索。

花关索是俗称，其名就是关索。关是本姓，名为索，是因为曾得到索员外的帮助。取一个"花"字，是因为他后来跟随花道长学习武艺。等关索长大之后，生得英俊潇洒、玉树临风，简直与关羽长得一模一样。不过，作者刻意塑造了一个不同于传统意义上的"关系"武将——比如，小说里关羽、关平、关兴以及后人关胜的形象都差不多，都是义薄云天、勇武过人、严肃、伟岸的样子，但关索则更加风流倜傥，似乎被赋予了更多民间对于英雄好汉在儿女情长方面的情感寄托。

作者给关索安排了不少佳人情缘，首先就是鲍三娘。书中描写关索看上鲍三娘时，直接用了"把三娘子嫁我，万事都休；若不嫁我，庄前放火"这样的话，显然，关羽不可能说出这样轻佻的言语，但关索却毫不在乎，似乎更有所谓的"英雄本色"。很快，关索就像爽文小说里的男主一样，用颜值和武艺折服了鲍三娘，两人很快结为夫妻。

接下来，就是关索寻父的故事。在行军路上，关索还遇到了王悦、王桃这对"姐妹花"。他们原本是敌人，但作者安排了一个非常俗套且很封建的情节：在王悦、王桃打不过关索的时候，就被他征服了，还同时做了关索的小妾。[1]

作者在讲述关索与关羽相见的时候，继续发挥自己爱洒狗血的特点，设计了一个很奇怪的情节：有个叫姚宾的东吴将军，假装来投奔关羽，竟然趁着夜色偷了赤兔马，假扮成关羽的样子逃跑了。在半路上，正好遇上来寻父的关索。关索看到姚宾的外貌和行头，跟传说中的父亲关羽一模一样，就直接要认他为父。后来，还是胡金定说，自己的夫君不是这个样子，此人不是关羽，才结束这场尴尬的认亲。真相大白后，关索怒斩姚宾，一家人也终于团圆了。

到这里，《花关索传》才算是接上了《三国演义》的主线情节，但只能算是在另一个时空发生的故事：曹操在落凤坡设了一个鸿门宴，想暗杀刘备，关索陪同刘备参加酒宴，识破了曹操的诡计，杀了两员敌将，帮助刘备成功脱身。很明显，作者在此套用了刘邦和项羽在鸿门宴的故事。后来，在刘备的率领下，关索从荆州一路向西进军，收了周仓，夺了西川。刘备建立蜀汉政权后，派关羽守荆州，本来关索也应跟着去，却因为与刘丰不合而被贬去云南。

接下来，就与《三国演义》里夷陵之战的前后剧情比较像了：关羽在东吴大将陆逊、吕蒙的夹击下，败走后身亡，张飞急报兄仇，被属下杀害。

---

[1]《封神演义》里的土行孙和邓婵玉，《水浒传》里的王英与扈三娘，《说唐》里的尉迟恭和黑白夫人……都是与此差不多的设置。虽然俗套甚至有点恶俗，让古代男尊女卑的落后观念展现得淋漓尽致，但不可否认，这样的情节就有"民间市场"，读者就是爱看。

关索又率军东征，击败敌军，为关羽、张飞报了仇。至此，《花关索传》故事基本结束，结尾就是蜀汉的形势急转直下。"又没伯公刘先主，又无公公关元帅。又无叔叔张飞将，去了军师诸葛人……"刘备病故、诸葛亮归隐，关索和家人也四散离去，似乎不这样安排，情节就编不下去了。

《花关索传》不少情节很狗血，有些地方不合情理，关索的形象也有些浮夸，但它确实也提供了另一种三国故事的叙事可能性，甚至有可能比《三国演义》的情节在民间诞生得更早。或许，古人也好奇历史名人的"花边故事"，想看到一个更接近普通人的大人物形象，这才让关索这个颇有解构经典意味的角色进入唱本。关索的故事湮没在黄土之下几百年后，随着古墓被发现，终于与世人再次见面。

《舌华录》：
明清时代的《世说新语》

诞生于南朝刘宋时代的《世说新语》以短小精悍著称，书中记录的不少魏晋人士的趣闻逸事都成为流传后世的经典故事。《世说新语》的构思与创作也提供了一种与众不同的写作的视角：分门别类记录一些名人的言论，既有史料上的价值，读者也愿意看。它们不需要是鸿篇大论，有趣的精致短篇同样很有意思。

生活在明朝万历年间的文人曹臣也持有这样的创作理念。他是安徽歙县人，从小浸润在徽州文化里，对历朝历代的文人趣事很感兴趣。于是，他便想到可以采用《世说新语》的结构，写一部明代的《世说新语》。经过多年的积累和创作，《舌华录》一书便诞生了。

顾名思义，《舌华录》就是记录文人在口舌（言论）上的精彩内容，文人雅士多辩才，或机敏多智，或舌灿莲花。"舌华"便是"舌根于心，言发为华"的意思。

曹臣对此书的定位很清晰："上起汉、魏，下逮明人，颇为猥杂。原序亦自言，近时之事，多所润饰，则非尽实录可知矣。"此书不仅要写古人之事，也会记录当代言论（也就是明朝的故事）。这在当时的历史语境里，算是很有胆识的做法。曹臣在《舌华录》里记录了1000多个精致的短篇故事，其中不少内容都值得细细品味。

《舌华录》中一些关于魏晋的内容与《世说新语》里的类似。比如《慧语》里的这篇：

> 晋明帝数岁，坐元帝膝上，因问长安何如日远？答曰："日远，不闻人从日边来，居然可知。"元帝异之。明日集群臣宴会，告以此意，更重问之，答曰："日近。"元帝失色曰："尔何故异昨日之言耶？"答曰："举目见日，不见长安。"

这个"不见长安"的故事，在《世说新语》的《夙惠》篇里也有[1]，在内廷和朝廷上，幼小的司马绍（也就是后来的晋明帝）两次回答父亲晋元帝司马睿关于"太阳和长安哪个更远"这个问题的答案截然相反。他最初回答父亲时，说太阳更远，这是符合常识的；而在朝堂之上，当着众位大臣的面，他却说长安更远。其中意味是深长的：长安乃中原故地，衣冠南渡之后，东晋虽能在江南苟安，却不能不思进取，不能忘记北伐，克复中原，恢复长安、洛阳故土。《舌华录》再次记录了这个故事，大概是因为曹臣也为这位聪颖机敏的皇子而感到惋惜。虽然后来司马绍成功继位也胸怀大志，却英年早逝，让东晋失去了北伐成功的最佳时机。这种个体的聪慧在历史大势与命运面前的无奈，给后世留下了不小的遗憾，也让曹臣念念不忘。

《舌华录》在《凄语》里还记录了一个孔融的故事：

> 孔北海被收，时男方九岁，女七岁，以幼弱得全，寄在他舍。或有言于曹操，收之，女谓兄曰："若死而有知，得见父母，岂非

---

[1]《世说新语》对这个故事的记录如下："晋明帝数岁，坐元帝膝上。有人从长安来，元帝问洛下消息，潸然流涕。明帝问何以致泣，具以东渡意告之。因问明帝：'汝意谓长安何如日远？'答曰：'日远。不闻人从日边来，居然可知。'元帝异之。明日，集群臣宴会，告以此意，更重问之。乃答曰：'日近。'元帝失色，曰：'尔何故异昨日之言邪？'答曰：'举目见日，不见长安。'"《舌华录》的文笔要比《世说新语》更简洁。

至愿？"遂延颈就刑。

孔融以让梨著称，而其子女不屈的节操也在历史上留下了令人震撼的一笔。曹操抓捕孔融后，其两个不到十岁的孩子，本来能因为年龄小逃过一劫，暂时住在其他人的家里。但曹操身边人劝他，必须斩草除根绝除后患。曹操向来多疑，便抓捕了孔融的子女。两个孩子毫不畏惧，引颈就戮。此事引发不少读书人对曹操的批评，也侧面反映了曹操政治手段的狠辣。

《舌华录》里还有一些幽默的小故事，是为《谐语》。比如，明朝隆庆年间有个名叫刘谐的进士，他看不惯道学家们的伪善之言，经常找机会讽刺挖苦他们：

> 道学者曰："天不生仲尼，万古如长夜。"刘谐曰："怪得羲皇以上圣人，尽日燃烛而行。"

按照道学家们的说法，如果没有孔老夫子，世间都是一片黑暗。刘谐幽默地回应：这么说来，在孔子之前的伏羲等圣人，每天只能拿着蜡烛出行了。后世可能记不得这位进士做了什么，但他这番调侃之语，却成了颇为经典而滑稽的一则趣谈。

《舌华录》还记录了一些正直之人不畏强权的故事，比如这篇："严嵩诞日，诸翰林称寿，争作恭求近。时菊花满堂，陆平泉独退处于后。同列问曰：'何更退为？'陆答曰：'此处怕见陶渊明。'"

此乃讥讽之语。陆平泉即陆树声，是明朝中后期罕见的长寿的大臣，从正德年间到嘉靖年间，活到了 97 岁。他长寿的一大秘诀，就是保持自我，不随波逐流，更无意于攀附谄媚之事。

有一次，奸相严嵩大搞生日宴会，很多翰林都去祝寿，纷纷拍严嵩的马屁，希望能在他这棵大树底下乘凉。当时只有陆树声躲在堂上的菊花后面，不愿意跟那些谄媚之徒混在一起。别人问他为何后退，陆树声便拿着陶渊明"采菊东篱下"和"不愿为五斗米折腰"的典故来证明自己的廉洁清正。此事与曹臣生活的年代非常相近，他自然不会错过这个精彩的故事，便将其记录在《舌华录》里。

可见，曹臣不仅是为了猎奇、寻趣而写了这本书，而是在文字中有自己的价值寄托。他虽然不会直抒胸臆，却通过叙述历史故事而巧妙地表达出内心深处的喜爱与憎恶。曹臣《舌华录》的作品质量与《世说新语》不相上下，而在知名度上却相差甚远，不能不说是一种历史的遗憾。

值得一提的是，晚清学者徐士銮编撰的《宋艳》，也算是一部特别的《世说新语》。它共有12卷，主要收录了两宋时期"婢妾娼妓之事"。作者开篇就说：

> 篇中丽以历朝掌故，或先正格言，义存劝惩，煞费婆心。迥非丽情集、妇人集等所能抗行也。谈赵宋一代艳史者，当推此书为骊渊矣。

看似是"艳史"，其实并非猎奇之作，反而蕴含着以古鉴今的讽喻价值。晚清社会变乱频繁、人心浮动，在如此时代背景下，《宋艳》一书更有特殊价值。

在《宋艳》全书的引子里，徐士銮明确表达了向《世说新语》致敬的意思：

余自旋里后，杜门却扫，日手一编，借以摄心息虑，曾辑《医方丛话》八卷付梓。余性善忘，而阅过辄不记忆，因于书中可惊可喜之事随手录之，或同一事而纪述互异，亦并录之；其与彼事有辨论有佐证，与夫引用故实之可考核者，亦附录之。至若载籍中箴语格言，余尤喜其得以自警也。岁月既久，手录积多，爰规《世说新语》例，分门三十有六，将所录南北宋事逐类排次。虽事故限以婢妾娼妓，然各有缘由，固可区分。即于各类所载后，或附以历朝事实，或系以先正法言，其间虽片语单词，皆有所本，要非鄙人妄逞臆说也。此书凡三易稿，见者佥谓有关劝惩，怂恿镂板。余以所辑尽宋事也，即以《宋艳》名，盖欲引人观览云尔。

从目录来看，就可知《宋艳》的内容是五花八门的，各种类型的人物和故事都有，既有高尚正直之语，也有偏狭狂妄之言：

  卷一　端方　德义　耿直　警悟　惭悔　遏绝
  卷二　瑕颣　间隙　懊恼　窘辱
  卷三　苦累　患害　忿激　矜诩
  卷四　逸豫　纰缪　诡谲
  卷五　狭邪　佻薄　狂妄
  卷六　卑污　狎昵
  卷七　嬉戏　讥诮　爱慕
  卷八　感戚　惑溺　侈纵
  卷九　僭窃　残暴　覆亡
  卷十　果报　奇异
  卷十一　驳辨　傅会
  卷十二　丛杂

《宋艳》开篇就是忠臣杨邦乂和岳飞的故事。杨邦乂的名言是"宁作赵氏鬼，不为他邦臣"，而岳飞在《宋艳》里则是个令人感佩的大孝子：

> 岳少保飞至孝。母留河北，遣人求访迎归；母有痼疾，药饵必亲；母卒，水浆不入口者三日。

《狭邪》则记录了一些风流文人与娼妓的故事。比如，宋末元初的词人、《武林旧事》的作者周密，就有《一枝春·酒边和韵》之言收录在书中："妆眉媚粉，料无奈弄颦佯妒。还只怕帘外笼莺，笑人醉语。"徐士銮直接点出："盖即席为妓作也。"

在《奇异》篇中，娼女严楚楚的故事也很有意思：

> 淮娼严楚楚，适盐商吕省干，泛舟泗上，吕偶他适，月夜倚篷，歌陈后主《后庭花》。曲未终，岸上有妇人抚掌诵曰："烟笼寒水月笼沙，夜泊秦淮近酒家。商女不知亡国恨，隔江犹唱《后庭花》。"长嗟，入林不见。明夕夫归，言之。伏人江浒，楚楚复歌前曲。妇人抚掌诵诗如前，伏者逐至林间而没。翼日视乃一新坟，询知侯将士葬妻裴氏也。侯置一妾，推溺之，自戕于林间，就葬焉。

严楚楚其人不见于史书，只在元末无名之人撰写的文言志怪小说集《异闻总录》里出现过。徐士銮在翻阅古代小说时发现了这个故事，并将其收录在《宋艳》里，才让它得以流传下来。

《甲申朝事小纪》：
明末名人故事

明清易代之时的史料，因为过于繁杂，时常令人难辨真假。因为明代遗民和清朝统治者呈现出两种极化立场，后人往往需要甄别之后再做判断。大致成书于清朝嘉庆年间、署名抱阳生的一本小册子《甲申朝事小纪》中有一些近乎独家的史料，很有阅读价值。

《甲申朝事小纪》记录了明熹宗、李自成、张献忠、陈圆圆、郑成功等多位知名历史人物的故事。在《天子巧艺》这篇中，就写了明熹宗天启皇帝朱由校热衷做木匠活儿的故事，这大概就是"木匠天子"故事的出处了：

> 熹庙性好为匠，在宫中每自造房，手操斧锯凿削，引绳度木，运斤成风，施设既竟，即巧匠不能及。又好油漆，凡手用器具，皆自为之。性又急躁，有所为，朝起夕即期成，成而喜，喜不久而弃，弃而又成，不厌倦也。且不爱成器，不惜改毁，惟快一时之意。当其执器奏能，解衣盘礴，非素善之臣不得窥视，或有紧要本章，奏事者在侧，一边经营鄙事，一边倾耳且听之，毕即分咐曰："汝们用心去行，我已知道了。"每营造得意，即膳饮亦忘，寒暑罔觉，其专意如此。

朱由校对于木匠活儿的痴迷到了废寝忘食的地步。由这段史料衍生出来的各种故事非常多，因此，很多人一提起天启皇帝，就会联想到他的不务正业。虽然天启皇帝确实昏庸，但沉迷木匠活儿的原始史料，却是孤证。《甲申朝事小纪》并非官修史书，而是民间杂史，难免带有一些演绎的成分。

《甲申朝事小纪》还记录了明朝宫女读书的史料。原来，宫女也要读书，学问好的才有可能得到宫廷重用："女初入门，选内宫之博学善书且有德行者，教之读书，先读《百家姓》《千字文》，次及《孝经》《女训》《女孝经》《女诫》《内则》《诗经》《大学》《中庸》《论语》等书，其有志学者，随意读之。学规最严，能通者升女秀才，升女史，升宫正司六局掌印。"看来，儒家那套学问宫女全部需要认真研读，或许统治者需要通过这种手段让宫女更听话吧。

抱阳生对于李自成、张献忠等明末起事者的评价都是负面的，还专门在书中放了一篇吴三桂讨伐李自成的檄文。《吴三桂讨闯贼李自成檄》："闯贼李自成，以么魔小丑，纠集草寇，长驱犯阙，荡秽神京，弑我帝后，禁我太子，刑我缙绅，污我子女，掠我财物，戮我士庶。豺狼突于宗社，犬豕踞我朝廷。赤县圻墟，黔黎涂炭，妖氛吐焰，日月无光……"[1] 至于这段檄文是否真的出自吴三桂之手，我们很难确定。不排除这是抱阳生为了表达对

---

[1] 古代持有正统观念的文人，多将民变领袖称为"贼"，如黄巢、李自成都被贴上了这种带有羞辱意味的标签。当然，如果是最终成功者，如朱元璋，称谓就完全不同了，这正应了古代"成王败寇"的道德观念。朱元璋在《元史》里承认元朝的正统性，对自己曾经的"竞争对手"用词很难听，时常称那些起义军领袖为"贼"。但编修很粗糙的《元史》，也在朱元璋的称谓问题上闹了个"乌龙"——在《元史·列传第二十五》记录元末名臣脱脱的小传里，有这样一段话："十四年，张士诚据高邮，屡招谕之不降，诏脱脱总制诸王诸省军讨之……十一月，至高邮。辛未至乙酉，连战皆捷。分道兵平六合，贼势大蹙。俄有诏罪其老师费财，以河南行省左丞相太不花、中书平章政事月阇察儿、知枢密院事雪雪代将其兵，削其官爵，安置淮安。"这是从元朝统治者的视角看元军与起义军的叙事，写到六合之战时，直接说"贼势大蹙"，后来脱脱就被罢官了。要命的是，当时在六合跟脱脱作战的正是朱元璋率领的军队，这里直接把朱元璋跟其他起义军领袖混为一谈了。或许是朱元璋和当时的读书人对《元史》读得不认真，也或许有人看出问题了却不敢指出错误，以至于谬误流传到后世。明末文人钱谦益在讲述元末明初农民起义故事的《国初群雄事略》一书中，也毫无修改地写下"辛未至乙酉，连战皆捷。分道兵平六合，贼势大蹙……"这句话，继续传播了《元史》里这处荒唐的错误。

李自成的不满而编造出这段文字的可能性。另有《张献忠记》长篇累牍地书写张献忠在征服地区的暴虐行为，特别是祸乱湖北、四川的相关史料，读起来惊心动魄。

另有《圆圆传》，专写陈圆圆的故事："圆圆陈姓，玉峰歌妓也，声甲天下之声，色甲天下之色。"后人熟悉的吴三桂"冲冠一怒为红颜"的故事，在书中也有记述，还特别"编排"了一段很浪漫的大团圆结局："三桂复京师，急觅圆圆，既得，相与抱持，悲喜交集……建苏台，营郿坞于滇南，而时命圆圆歌。圆圆每歌大风之章以媚之。吴酒酣恒拔剑起舞，作发扬蹈厉之容，圆圆即捧觞介寿，以为其神武不可一世也。吴益爱之，故专房之宠，数十年如一日。"

结合其他史料，不难看出这段内容的戏说色彩很重，更像是文人虚构的故事，而非真实发生的历史。抱阳生或许参考了明末清初文人吴伟业《圆圆曲》的相关内容，将西施和吴王夫差的故事，套用在陈圆圆和吴三桂身上，大概都是一种"美人与帝王传奇"的叙事。在史料中出现的过于文学化和戏剧性的叙事很有可能夹带了作者的"私货"。这是后世读者需要注意和甄别的。

《小腆纪年》：
故纸堆里的顺朝历史

生活在清朝中后期的史学家徐鼒酷爱文史，尤其喜欢研究明末历史，著有《小腆纪年》20卷，大概60万字，此书依据皇家秘藏的史料撰写，比较完备地记录了南明的历史。由于是编年体史书，读者更易进入文本，找到清晰的历史线索。

此书是研读南明历史的重要史料，书中还记载了不少李自成与大顺政权的历史，其中不少细节都耐人寻味，值得细究。

比如，1634年冬季的荥阳大会是明末农民军领袖的一次聚会，李自成、高迎祥、张献忠等人都参加了此次会议，李自成提出的"分兵出征"战略，得到了众人的支持。虽然一直有学者认为荥阳大会是民间虚构的故事，但《小腆纪年》给出了非常详细的史料，大大提高了荥阳大会的真实性：

> 八年正月，老回回、闯王、革里眼、左金王、曹操、改世王、射塌天、八大王、横天王、混十万、过天星、九条龙、顺天王十三家七十二营，[1]大会于荥阳，议敌官军，未决。时自成犹为闯将，进曰："匹夫可奋臂，况十万众乎？今吾兵且十倍官军，虽关宁铁骑至，无能为也。计惟分兵，随所向立效，利钝听之天。"

---

1 这些都是民变领袖的绰号，类似《水浒传》里的梁山好汉绰号，是混迹江湖者的称谓。

众曰:"善。"

由此可见，当时在荥阳会集的农民军领袖很多，只是多数人没留下姓名，只留下了江湖绰号。这里面的闯王，应该是高迎祥，而非李自成，当时李自成的绰号应该是闯将，后来高迎祥战死，李自成才用了闯王这个名号。其中，过天星应该是张天琳的绰号，还有八大王，即张献忠。

关于李自成攻打河南时的历史，《小腆纪年》有段记载颇为微妙：

> 十四年正月壬寅，自成围河南府……发藩邸巨室钱米以赈饥民。执福王并前兵部尚书吕维祺，维祺呼王曰："名义甚重，毋自辱。"贼杀维祺。福王跌坐于地，贼逼之，闭目不语；已而大骂，因遇害。王体肥，重三百觔；贼脔而杂鹿肉食之，号"福禄酒"。王妃邹氏、世子由崧脱身走……自成乃以掾吏邵时昌为伪总理，生员张旋吉、梅鼎盛等次第授伪官，月给银八十两，取赈金之余付之，俾募兵守。[1]

面对来势汹汹的农民军，福王朱常洵依旧一毛不拔，不肯拿出私藏的银子来激励士兵守城，连兵部尚书吕维祺都看不下去了。最终，洛阳城破，李自成先杀了吕维祺，后来看到福王朱常洵肥胖，便下令将其烹杀，跟梅花鹿的肉混在一起做成所谓的"福禄宴"。紧接着，年轻秀才梅鼎盛归顺李自成，与邵时昌、张旋吉等人一起守卫洛阳城。但由于他们的军事能力和经验十分匮乏，不久洛阳城便被明军攻破，邵时昌等投降李自成的人都被

---

1 这段关于福王之死的记载，向来存在争议。"福禄宴"有可能只是民间的某种想象，寄托了民众的反抗精神。但无论如何，福王的悲惨下场是确定的，而相比福王、李自成等大人物，梅鼎盛、邵时昌、张旋吉等人，也只在这件事上得以留名，他们刚在历史舞台上登场就退场了，呈现出小人物在乱世中的卑微与不幸。

杀了。

看到洛阳福王惨死的样子，在开封的周王朱恭枵决心誓死抵抗。《小腆纪年》有记载："二月，移军攻开封。周王恭枵出帑金五万两犒士，与巡按御史高名衡、推官黄澍、知县王燮同设城守。贼穴城，守者投以火，贼焚死，尸与城平。七昼夜不能下，解围去。"果然，拿出真金白银来吸引士兵守城的周王成功守护了开封城。不过，李自成大军势不可当，明朝的王爷们终究难敌大顺军，最后连京城都被攻陷了。

李自成进军北京，从居庸关入昌平，又入京城。《小腆纪年》清晰地记载了这一过程："由柳沟抵居庸关。柳沟天堑，百人可守，竟不设备……是日黎明，昌平陷，诸军皆降……未及半，忽秘封入，明帝览之色变，即起入。诸臣立候，移刻命俱退，始知为昌平失守也。"[1]

李自成占据北京后，一面给手下封官加爵，一面惩处明朝旧官。特别是以牛金星为天佑阁大学士，更显"一人得道，鸡犬升天"之象："伪官[2]最着如牛金星、宋企郊诸为贼亲任者，叛降最先，不更列书……癸丑（二十五日），闯贼拷掠明臣之犹在其官者……掠而纳银复被杀者，勋戚大臣武职为多。[3]最著者，成国公朱纯臣。贼至，献齐化门，与陈演表劝进。"

又有记载："壬子（二十四日），闯贼设伪官，授明降臣职。自成自居西安建置官吏，至是益尽改官制。改内阁为天佑殿，废詹事府，改翰林院

---

[1] 这段史料很清楚地记载了李自成攻入北京时，并没有受到明朝的多少抵抗，当时北京城内已经没有可用的明朝防备力量了。

[2] 伪官之说体现作者对于李自成及其下属的偏见，这种带有羞辱意味的称谓，是读者在阅读时需要辨别的。

[3] 李自成进入北京后，通过拷饷从不少官员家里搜出大量白银，可见当时明朝官员腐败之严重。

为弘文院、六部为六政府、文选司为文谕院、六科给事中为谏议、十三道御史为直指使、太仆寺为验马寺、尚宝司为尚玺寺，省太常、鸿胪属礼政府，通政司为知政使、主事为从事、中书为书写房、巡抚为节度使、布政司为统会、兵备为防御使，知府、州、县为尹、为牧、为令，正总兵为正总权、副总兵为副总制、五军府为五军部、守备为守旅、把总为守旗，太监不得过千人。改印曰符、曰券、曰契、曰章，凡四等。服领尚方，以云为级，一品至九品云如其品；带用犀、银、角三等。废舆乘马。凡铨选，悉宋企郊主之；受职者给小票，向礼政府领契。外选者限三月后取家眷，户政府给行旅费。"

值得注意的是，《小腆纪年》还记载了李自成在建立顺朝后很注重官吏的廉洁，一些腐败的地方官员甚至被处死。《小腆纪年》有言："延安伪府尹贾我祺以赃秽死于市"，有个叫贾我祺的新任延安府尹，便是死于开国新政的贪墨狂徒。只是囿于史料有限，我们并不清楚贾我祺到底犯了什么事。

耐人寻味的是，古今很少有人用"我"字入名，贾我祺的名字非常特别。明末有个投降皇太极的辽阳边民，名叫宁完我[1]，也算用"我"字入名的名人，只是"宁完我"很可能是个化名，这就更凸显贾我祺之名的神秘与奇异了。

---

[1] 宁完我，清朝初年人物，早年是萨哈廉的家奴，后来被多尔衮重用，官至弘文院大学士、议政大臣、少傅兼太子太傅，以学识渊博、精通文史著称。

《定鼎奇闻》：
明清易代之际的"封神榜"

明人许仲琳以《封神演义》写商周之战，将周武王、商纣王视为神魔在人间的代表。武王伐纣，既是人间的改朝换代，也是天界的正邪之战。清朝初年，有个叫蓬蒿子的文人，大概是受许仲琳的启发，也写了一本类似的小说，将世人熟悉的甲申之变进行神魔化叙事，这便是《定鼎奇闻》的由来。

不过，《定鼎奇闻》对李自成等农民军领袖极力贬低，认为他们是祸乱人间的恶魔和贼子，而明朝则是象征着正统、正义的一方，只是无奈地被李自成推翻了。更荒唐的是，《定鼎奇闻》将吴三桂视为斩妖除魔的大救星，他在一片石之战击败李自成，"拯救"了国家和人民。而在甲申之变中"摘了桃子"的多尔衮与清朝军队，则是"定鼎者"，是"开创盛世"的历史主角。

显然，《定鼎奇闻》的调调是很符合清朝统治者的喜好的。史学家顾诚在名作《李岩质疑》中就曾一针见血地写道："《定鼎奇闻》是清顺治八年刊行的一部极其无知的小说……在政治上由吹捧南明弘光小朝廷为歌颂满洲贵族。"蓬蒿子完全意识不到李自成与民众抗争的进步性，反而站在昏庸无道的明清统治者的立场上，对抗争的民众进行污蔑，甚至以恶魔形象来丑化他们。

《定鼎奇闻》开篇不久，就讲到李自成的父亲李十戈[1]进香求子，受一道人点拨，吃了海狗肾合成的丹药，很快便让妻子怀孕，其后生下李自成。蓬蒿子将其视为妖魔降生，不惜用大量笔墨来丑化刚出生的李自成的形象："深目环睛，却是夜叉鬼卒；红眉赤发，犹如水怪山精。遍身粗大足加长，满面肤推手又刺。啼声同破竹，马笑驴悲；形象类畜生，人头狗面。"[2]

　　与之形成强烈对比的是，蓬蒿子对于崇祯煤山自缢，用了非常壮烈的笔法来叙述："天子知天命已去，不可挽回，急遣宫人，迫令张太后并李娘娘速死。然后刺血亲写遗诏一封，缝随身衣带内，披发覆面，衣履不成，竟向宫后煤山自尽。"只是蓬蒿子写历史太不考究，很多细节经不起推敲，跟随崇祯自缢的太监叫王承恩，但在《定鼎奇闻》里，却改成了王之俊，"太监王之俊哭痛裂肠，对面悬梁而死"。蓬蒿子还慨叹一番："呜呼！痛哉！以亘古未有之奇祸，加于明朝；以三百年无缺之金瓯，堕于彼贼。诚使天崩地裂，鬼泣神号，亿兆臣民，无依无怙。"

　　在人间，明朝统治者打不过李自成，蓬蒿子就虚构了玉帝派天兵天将，在梦里摄取李自成魂魄的故事，然而其中内容过于荒诞、十分刻意，又不符合多数老百姓的心声，反而失去了故事的趣味性。

　　李自成攻占北京后，劫持了吴三桂的父亲，以此写信劝降吴三桂。这位在蓬蒿子笔下十分伟岸的"吴将军"，很快便打入山海关，与李自成展开决战，多尔衮也迅速率领清军入关。对此，《定鼎奇闻》以《吴将军长驱南下 李自成大败西奔》为题，对三股政治势力的命运转折进行了比较清晰的叙述。

---

[1] 此名应该是民间说法，李自成父名不见于正史。

[2] 这类很明显的贬损、丑化历史人物的语言，背后往往是作者特别的价值取向。

在历史上，李自成兵败之后逃到九宫山，不幸被当地地主民间势力误杀。但蓬蒿子却故意编排是吴三桂灭了李自成，而且是一网打尽，李自成被手下出卖，最终遭受凌迟处死：

> 其余贼众，见势衰力，敌兵强胜，各无节制，都四散奔逃，还有一半要来投降归顺，就把贼首李自成并牛金星、刘崇文、宋献策等共三十六人，缚解军前献功赎罪。吴将军与众将大喜，即将逆犯各人，分别首从，就在军前，李自成碎剐三日，其余一概凌迟处死，遂奏捷班师。那时，大清皇帝，入主中原，只因这番有分教：一统华夷，改换一番世界；万年天子，网维万古乾坤。

似乎不设置这样一个惨烈的结局，就不能表达蓬蒿子对农民军的仇恨。最后，还不忘顺便谄媚了一下新的主人，但他没想到，清朝皇帝和吴三桂在几十年后还是公开决裂了。

蓬蒿子作为一介文人，完全站在清朝统治者而非百姓的立场上书写这段历史，这不仅展现了其历史观的局限性，也展现了他奴颜屈膝的一面。若要公正地书写历史，自然是要持有人民史观，即便没有这样的思想，至少也应该坚持中国传统的英雄史观。而他所持的帝王史观，恐怕是距离真相与民心最远的历史观念。

《明遗民录》：
罕见的明朝遗民记录

明清易代之时，很多文人都无法接受明朝灭亡的现实，有人奋起反抗，至死不肯投降清朝；有人归隐田园，逍遥世外，在内心仍坚守对明朝的忠诚；还有人隐忍地活下来，私下著史，怀念故国。这些不肯为清朝效力的读书人，就是明遗民。

其实，每个朝代灭亡之后，都有忠于前朝的遗民，宋元明清皆是如此。相对而言，元清遗民较少，而明遗民留下的历史印迹更多，所以后人对于明末甲申之变的社会剧烈变动有着更加清晰和直观的认识。

清人孙静庵编写过一本《明遗民录》，这本书知名度不高，书中记录的明遗民，也大多是历史上寂寂无闻者。但细读他们的人生故事就会发现，这些明遗民可歌可泣的人生，跌宕起伏的命运，也毫不逊于历史上的名臣良将。只是很少有人去了解他们，更罕有人书写他们的传奇。

《明遗民录》共48卷，记录了数百个人物，其中不少人不仅忠肝义胆，更有一份英雄豪情。

孙守法就是其中的代表。《明遗民录》有记载："明孙守法，字绳武，陕西临潼人。家酷贫，废书务农，然多智谋，臂力绝人。性复任豪侠，喜交游。尝饮于市……'不扫妖气死不休'，一市人皆大笑以为狂。"

孙守法豪气冲天，又力大无穷，绝非文弱书生。他在年轻的时候就爱结交英雄好汉，渴望在未来一展抱负，为天下苍生斩妖除魔。但是，在明末乱世中，他也只能跟着历史大势走，并不能超出历史局限性。他早期跟着明朝大将曹文诏四处征战，擅使一条钢鞭，曾击杀李自成早年跟随的义军领袖"不沾泥"[1]。清军入关后，他又加入抗清的队伍，却连连败退，最后兵败身死，连脑袋都被清军割下来，送到了西安。

很多文人没有孙守法这样的武力，更是毫无反抗之力，但还是在想尽办法保存明朝的实力。《明遗民录》里的林增志就是如此。他早年是一名进士，清军入关后，他一度跑到南京，为南明弘光政权效力。林增志很快发现，南明内斗严重，也无力抵抗清军南下，便削发为僧，做了出家人，一直活到康熙初年才寿终。临死之前，他悔恨自己当初没能殉国尽忠，留下一言："吾平生只欠一死，可勿葬，弃诸沟壑，示天下后世为臣而不死国者。"

《明遗民录》里的出家人还有担当和尚。他俗名唐泰，经历了明朝走向覆亡的全过程，一直活到康熙初年，看透了世事，于是沉浸在绘画中，不再过问苍生之事。

选择归隐的还有孙文。他是个非常神秘的长寿老人，民间有说法，他活了100多岁。《明遗民录》的记载是："明孙文，字文石，号水月，会稽诸生。国变后，隐于杭，傍所居曰梅园。性恬静，一介不取。"明末反清的孙文，与后来创建民国的孙文，同名同姓，有着相似的夙愿，却在不同时空有迥然的命运。冥冥之中，竟有如此巧合，真是让人啧啧称奇。

夏汝弼也是个刚烈的忠臣。明朝灭亡后，他在各地参与了抗清运动，

---

[1] "不沾泥"，名为张存孟，是明末农民起义军的早期领袖，李自成曾在他麾下作战。后来张存孟被明军杀害。

但都以失败告终。他不愿意做清朝的臣子，宁可像当年的伯夷、叔齐一样饿死。《明遗民录》有记载："国变后，佯狂高蹈无定踪。或歌或哭，与语及时事，即闭目不答。"最后，夏汝弼在九嶷山绝食而死——这座传言安葬了上古贤君大舜的高山，也成为夏汝弼殉节的见证之地。

还有一个叫沈起的读书人，虽然没有在明亡后直接殉国，却一直隐忍着，孜孜矻矻，钻研古籍，编撰了一本明朝的史书，是为《明书》。《明遗民录》有言："尝以撰《明书》，谓明不亡于流寇，而亡于厂卫，断自成化十二年秋，始设西厂，绝笔焉。晚节以穷死。"沈起认为，明朝并非亡在李自成、张献忠等民变领袖手中，而是从成化十二年（1476年）明朝设立西厂特务制度开始，就已经注定灭亡了。

还有个叫江本实的明遗民，也十分传奇。"活死人者，本蜀中素封子，姓江，名本实。国亡后，散家财，弃妻孥，入终南山，得炼形术，因自号活死人焉。弟子陈留王者，得其旨，能于水面立，峭壁行。一日虎为骑，活死人怒责之曰：'所贵乎道者，静无为也有为则装世，岂妙道哉？'陈留王乃面壁三年，曰：'道有传人，吾将蜕已。'趣掘土穴入之，命封土，毋许通隙。既埋，群弟子朝夕拜，呼之辄应，三年后始寂，乃立石表之曰'活死人之墓'。"

明朝灭亡后，江本实看破红尘，抛弃家财和家人，选择去钟南山隐居。江本实确实有点仙家本事，能飞檐走壁，还会水上漂。有个弟子学了一点本事就卖弄起来，江本实非常不满，说这不是出家人的做派，清静无为，才接近大道。直到这弟子闭关反思三年之后，江本实才觉得自己的大道有人继承，便选择了一种非常特别的方式来告别俗世：他让弟子挖了个洞，自己钻进去，用黄土盖上。此后连续三年，弟子每次在外面呼唤师傅，他都能及时回应。直到有一天，他再无回音。这便是"活死人墓"的由来。

江本实到底凭借什么本事，能在地下生存三年，无人知晓。但他这样远离俗世，让人捉摸不透，反而有了一层神秘感。如今，在西安市鄠邑区的重阳宫中，还存有一座"活死人墓"。[1] 只是，这是否与明遗民江本实有关，就难以考证了。

---

[1] "活死人墓"在今天西安市鄠邑区祖庵街道重阳宫。据说道教全真道的创始人王重阳，曾在活死人墓中修炼七年，还写了一首《活死人墓赠宁伯功》："活死人兮活死人，风火地水要知因。墓中日服真丹药，换了凡躯一点尘。活死人兮活死人，活中得死是良因。墓中闲寂真虚静，隔断凡间世上尘。"

《聊斋志异》
里的天宫形象

清代小说家蒲松龄在《聊斋志异》中讲述了数百个故事，其"脑洞"之大，想象力之丰富，直到今天都令人惊叹。更重要的是，蒲松龄不只是"开脑洞"，而是借助奇妙的故事来批判与讽刺现实，其中有不少思考，在当时显得十分独特，也十分先进。比如，书中有一篇名为《天宫》的故事，十分风趣且带有辛辣的讽刺，堪称很有"蒲氏风格"的作品。

《天宫》的主人公郭生，是北京人，是个 20 多岁的小伙子，身形俊美，外表不俗。有一次他醉酒之后，恍惚之中感觉身旁有人，仔细一看，原来是个姑娘。书中有言：

忽大醉，冥然罔觉。及醒，则与一人并枕卧。抚之肤腻如脂，麝兰喷溢，盖女子也。

这段文字虽然不长，却塑造了忽明忽暗、半睡半醒的氛围，为后面"天宫"的出场埋下伏笔，也给整个作品渲染了暧昧的色调。

郭生与姑娘一番欢愉之后，被告知"来夕当与君一游天宫，便即为别"。在恍惚之间，郭生竟然来到了"天宫"，并看到了这番神奇的景象：

星斗光中，但见楼阁无数。经几曲画廊，始至一处，堂上垂珠帘，烧巨烛如昼。入，则美人华妆南向坐，年约二十许，锦袍炫目，头上明珠，翘颤四垂；地下皆设短烛，裙底皆照，诚天人也。

此处的"天宫"没有正襟危坐的统治者，也没有复杂的等级与秩序，更像是一个温柔乡，是蒲松龄笔下的不少书生会"邂逅"奇妙情缘的地方。果然，此处不仅楼宇奢华，连美人的妆容与裙装都惊艳无比，有勾魂摄魄的魅力，让郭生流连忘返。

经过一番云雨，郭生才十分不舍地离开"天宫"。临别之时，美貌女子告诉他，本想与他长居于此，却不料"天宫"要面临一番清理，闲杂人等不能继续留在这里，只好将他送走。郭生依依不舍，希望留下姑娘的梳妆品做个纪念，但对方不允许，只送给他很多财宝："赠以黄金一斤、珠百颗。"

清醒之后，郭生把这神奇的经历讲给别人，却没人相信。还有当了大官的人说，这是西晋时期的妖后贾南风用过的伎俩，仙人不可能做这么低级的事情，必须保守这个秘密，否则将要面临大祸。

更诡异的是，后来有经常出入富贵之家的人告诉郭生，他在恍惚之间见到的"天宫"里的楼阁，很像严世蕃家的。这严世蕃是何许人也？他正是明代嘉靖朝首辅严嵩之子，其家族一度权倾朝野，而严世蕃生活十分奢靡，沉溺于声色犬马之中。后来，严世蕃获罪，被抄家斩首。在民间故事中，有关严世蕃的传说不少，蒲松龄距离明朝后期这段历史不算太遥远，更容易受到民间情绪的影响，在创作中引入严世蕃家族的腐败形象，也就不令人奇怪了。

显然，《天宫》设置这一情节，有很强的现实隐喻色彩：沉溺于物欲与色欲，必将被欲望反噬，无论是严世蕃的这样的豪门，还是故事中郭生这样的普通书生，都是一样的。只是，蒲松龄给郭生留了个还不错的结局，他悟透之后赶忙远走他乡，也算逃过了一劫："郭闻之大惧，携家亡去。未几严伏诛，始归。"

蒲松龄对这个故事，有颇为辛辣的评价："温柔乡中，人疑仙子。伧楚之帷薄固不足羞，而广田自荒者，亦足戒已！"太多人容易在迷惘之中堕入温柔乡，却不知自己已经陷入了圈套。越是看起来迷人的东西，越有可能有害，识破真相、保持底线，才能平安无忧。在蒲松龄笔下，"天宫"不仅是对现实世界的隐喻，也含有某种"欲望之地"的色彩。

纵观《聊斋志异》中的神灵世界，大多具备现实世界中不存在的"超越性"，它能满足人的各种欲望，但如果人不能合理面对"仙缘"，也可能会被反噬。《天宫》的故事令人清醒，而《聊斋志异》中也有一些类似的故事，让人慨叹或欣慰。

比如《锦瑟》这篇，满足了很多普通人尤其是朴实读书人的美好愿望。在《锦瑟》这个故事中，男主角王生因为被妻子嫌弃，又一无所长，悲愤之下便选择结束自己的生命。神奇的是，他不仅没有死掉，还被地府的丫鬟春燕发现，并引荐给地府娘娘锦瑟。

此后，王生在地府的"给孤园"背过尸体，也为锦瑟娘娘管理过账目。他的刚直不阿、认真诚恳，竟打动了锦瑟与春燕，两人对他都渐渐生出情愫。王生竟然从一个落魄的穷书生变成了神仙的爱慕者，最终不仅回到阳间，还娶到了锦瑟和春燕，成了真正的"人生赢家"。[1]

"天宫"式的文学形象，在这里变成了"地府"，但它还是"欲望之地"的典型形象。蒲松龄写下这些故事，包含很强的隐喻色彩与警世意味，让我们看到人生命运的跌宕起伏。相比《西游记》中的"天宫"形象，《聊斋志异》似乎在刻意避免宏大叙事的场面，不直接写那些民间熟悉的神灵，而是将神仙形象模糊化，使之更像一个象征符号，而非具体的神灵。也正是基于这个原因，后世并不把《聊斋志异》当成神魔小说或者神话故事，而是文人创作的笔记小说。在这里，仙气飘飘的"天宫"，更像是对现实人间的折射。

---

[1] 这类"公子落难、美人相助"的故事，在蒲松龄笔下很多，也可以说这是一种现实中很难存在的美好想象。蒲松龄内心有十分清高的一面，却也很渴望获得世俗层面上的成功，自然也希望得到美人的爱慕。这种情绪在创作里也不时流露。在《聊斋俚曲集》里有一篇《富贵神仙》，开篇就说："区区小愿欲求天，近绕村居百顷田，膝下儿孙多似玉，堂中妻妾美如仙，朝朝饮酒暮烹鲜，耳目聪明牙齿坚，皓齿清歌细腰舞，糊突混过百余年。"又有言："每日奔波条处里撞，一举成名四海传。歌儿舞女美似玉，金银财宝积如山；一捧儿孙皆富贵，美妾成群妻义贤；万顷田园无薄土，千层楼阁接青天；大小洋身锦绣裹，车马盈门满道看；八洞神仙来上寿，福禄二星落尘寰；天官也赐千般福，人世永成百岁欢。"这其实也是蒲松龄很朴素的心愿。他将很多美好的期待置入聊斋故事，与当时绝大多数寒门书生一样，他或许幻想过登堂入室、"修齐治平"的前程，但随着年岁渐长，俗务缠身，少年时代的意气风发越来越少，他也终究不能免俗，还是希望能取得世俗意义上的成功和幸福：封官晋爵、金玉满堂、儿孙绕膝……对于这些很真实的心理，其实后世读者也不必讳言，这不仅无损蒲松龄的形象，反而让他的文字更加真实动人。

《夜谭随录》：
聊斋之外的谈狐说鬼

  自蒲松龄《聊斋志异》流传开来，以志怪之作寻仙探奇者不在少数，清朝乾隆年间的满族文人和邦额就是其中的代表人物。他从青少年时代就对各种奇闻怪事很感兴趣，又受到"聊斋"文体的影响，便自觉选择了这类创作。和邦额创作的《夜谭随录》，可以被看成另一种"聊斋"，其中故事的精彩程度并不亚于《聊斋志异》，但由于其在当时的知名度就不高，也没能在后世扬名，如今知之者甚少。

  和邦额的家庭条件比蒲松龄好一些，属于八旗子弟，但他对官场争斗也不太感兴趣，终身都保持了一个读书人的本色。他一度做过知县，官职不高，却因此能对世事人情有所体察，给他创作《夜谭随录》提供了生活经验。

  《夜谭随录》是一部志怪类型的文言短篇小说集，共有12卷141篇。和邦额在《夜谭随录》开篇就讲到自己创作的心路历程：

  子不语怪，此则非怪不录，悖矣，然而意不悖也。夫天地至广大也，万物至纷赜也，有其事必有其理，理之所在，怪何有焉？圣人穷尽天地万物之理，人见以为怪者，视之若寻常也……不求其理，而以见闻所不及者为怪，悖也；既求其理，而犹以见闻所不及者为怪，悖之甚者也。

和邦额认为，怪力乱神之事向来被传统儒家读书人拒斥，但天下之大，无奇不有，再怪异的事物也有其存在的价值。既然奇人奇事是客观存在，为什么不能记录下来探寻其中的奥妙呢？

和邦额还直接向读者袒露心声："予今年四十有四矣，未尝遇怪，而每喜与二三酒朋，于酒觞茶榻间，灭烛谈鬼，坐月说狐，稍涉匪夷，辄为记载，日久成帙，聊以自娱……虽然妄言妄听而即妄录之，是亦怪也。即《夜谭随录》，所谓为志怪之书也可。"

姑妄言之，姑妄听之，也是和邦额的想法，他能积累40多年的人生阅历，写下这部鸿篇巨制，显然并非只是为了记录那些怪异之事，毕竟连他自己都承认"未尝遇怪"，只是从创作者的角度模糊了虚构与真实的边界，从而达到真假难辨、以假乱真的效果。

《夜谭随录》里有不少劝人向善的故事，比如《周琰》这篇就挺有意思。它讲的是一个叫周琰的秀才，喜好喝酒与练武，心性暴戾、为人霸道，很多人都害怕他："琰特暴戾多力，往往因小忿，辄挥老拳，家人既不相安，邻里亦不敢犯。同社有廖生者，喜其才而恶其横，目为周处"。同乡有个廖生，想劝他从善，还用"周处除三害"的历史典故，勉励他去恶从善。但是周琰根本不听劝告，还觉得别人在挖苦自己，更加蛮横。

直到有一天，一名道士找到他，说他就是人间的老虎，周琰听后十分生气。道士于是干脆直言，他前世就是老虎，只因还有点善念，今生才做了人，没想到他还是这么暴戾，如不加改正他早晚还会变回老虎。周琰不相信道士说的话，还觉得自己与众不同的性格是上天赐予的，不能轻易改变。但是，道士说的话在现实中不断应验，周琰发现自己手臂上渐渐出现虎皮花纹，最后全身都变成了这样。他想起道士送给他的解药，急忙服下，身体才恢复如初。

周琰大为震撼，从此不再怀疑道士的话，并决心像历史上的周处一样改过自新。他还给自己起了一个雅号——"虎变居士"，并且"平心静气，勉为善事，铭八字于座右曰：'放情诗酒，绝想功名。'"在和邦额看来，世间奥妙如此神奇，不禁慨叹："一念之善，虎可为人；玩忽旋生，人而为虎。"

《夜谭随录》还有些内容与珍奇异宝有关，甚至还牵扯了一些历史知名人物。比如，《陈守备》这篇讲道：四川有个陈守备，长期在乌斯藏[1]驻军，很多年才能回家一次。有次他得到了一面非常神奇的宝镜，"大如茶瓯，置暗室，寒光四射，朗朗如秋月"。陈守备非常喜欢这面宝镜，却不料此事被将军岳钟琪[2]听说，岳钟琪便威逼利诱陈守备把宝镜交给他，陈守备不从，既担心又害怕，竟然患了重病，双目失明，宝镜也被其女婿盗走，最后不知去向。岳钟琪是康雍乾时期的名臣良将，被乾隆帝称为"三朝武臣巨擘"，得到皇帝的特别宠幸。但在和邦额笔下，他却成了索要宝镜的人，还因为索要不成，让无辜者蒙受苦难。和邦额对此事非常慨叹，为陈守备喊冤："小人无罪，怀璧其罪。古之以宝物召祸者，可胜计哉？"

《夜谭随录》里还有一类故事，与《聊斋志异》《阅微草堂笔记》类似，有较为浓厚的因果报应思想，体现了当时的读书人与民间认同的朴素价值观念。对于那类不积善行、贪婪自私的角色，和邦额毫不留情地给他们"设置"了悲惨的命运。

比如，《某太医》这篇，讲了一个只求财却无医德的大夫的故事：

---

1 乌斯藏是元朝在西藏设立的政区，明清在很长时间里仍称西藏为乌斯藏。

2 岳钟琪，清朝中期著名将领，曾平定青海，参与大小金川之战，被乾隆誉为"三朝武臣巨擘"。

> 太医某,大兴人,失其姓名。轻裘肥马,日奔走于九门,以是致富。延者日积于门,非日晡不到病家,不顾病者之望眼穿也。每视一病,写一方,不论效不效,例奉千钱,否则不至也。日暮归,从人马后,囊橐[1]尽满……

看起来,这个太医非常骄横,无论能不能治好病人,都得先收一笔重金,被他庸碌的医术坑害的人不在少数。至此,和邦额笔锋一转,说他后来生下一子,却是忤逆之徒,不仅不孝顺,还四处挥霍太医积攒的财富。到最后,逆子病死了,钱也花完了,这个太医才明白是自己欠债太多,遭到报应了。

和邦额对此的点评一针见血:"庸医杀人,罪不容死,况趋势贪利,虽不以病者为事,潦草匆忙,以药人者乎?病家之心如焚,而医人之视若戏,死者虽属天数,庸不冤乎?耗其财,索其命,报亦惨哉!"

可见,和邦额写《夜谭随录》,看似体现的是某种猎奇心理,其实也是对"聊斋"式创作的内在心声的合理掩盖:并非写鬼怪之事,而是以鬼怪写人心,以幽冥见世相,很多不方便直接讽刺和批判的东西,可以通过玄奥之事来委婉表达。

---

1 囊橐(tuó),意思是行李、财物,常见于古代小说。比如,《初刻拍案惊奇·卷二十》有言:"每见贪酷小人,惟利是图,不过使这几家治下百姓,卖儿贴妇,充其囊橐。"

《柳崖外编》：
蒲松龄"转世"的神奇之作

清康熙五十四年（1715年），蒲松龄去世。就在同一年，在山西临汾，有个叫徐昆的婴儿出生了。徐昆长大之后酷爱读书，才思敏捷，还特别喜欢志怪小说。他模仿蒲松龄的别号"柳泉居士"给自己起名号为"柳崖居士"，甚至自诩为蒲松龄的"转世"。

徐昆的命运也跟蒲松龄很像，在科举之路上非常不顺，虽然满腹经纶，却总是时运不济，直到50多岁，才考上举人。在这段时间里，徐昆发愤著书，将一腔才华用于"聊斋体"的创作中，写了200多篇志怪小说，最后结集成书，便是《柳崖外编》。

在同题材作品里，《柳崖外编》知名度极低，但书中故事的精彩程度并不比《聊斋志异》逊色。徐昆与同时代不少作家一样，也很热衷讲述因果报应的故事。书中有个妖道的故事，很有意思。

据说，在南京有个会法术的道士心术不正。有一次，他在街上看到一个年轻漂亮的女子，身旁的人问他："你会那么多法术，能让这女子当街脱下衣服吗？"道士笑道："这有何难？"说罢，他便开始作法，口中念念有词，只见许多蜈蚣飞到女子身上，女子奇痒无比，只好脱掉衣服，从外到内脱了个精光。人们都过去看热闹，这道士仔细一看，这女子竟然是自己的妹妹。她又羞又气，回到家就要把道士的书都烧掉。

或许是道士的举动激怒了天帝，刹那间天雷滚滚朝道士劈下来。不过这道士法力很强，仅用一支铁笔指向天空，雷电竟然都不敢靠近。突然之间，有条龙从天而降，把这铁笔叼走了，又有雷电劈下，这道士当场毙命。

徐昆还喜欢记录一些奇怪的生物，其实在今天它们也不算稀罕的东西，但在当时，就是灵异之物。比如，有种在云南的动物，叫"我有油"，长得像猫，但体形更小，时常发出奇怪的叫声，好似在叫"我有油"。用木板压它，它就不叫了。

好在徐昆告诉我们，它还有另一个名字叫作竹鼠，要不然今天的读者也会以为是什么怪异灵物呢。还有冬虫夏草之类的食材，在书中也有记载。这也说明，徐昆记录的奇物，还真有现实依据，虽然是道听途说的，却并非全是虚构。只是当时的人见识不足，遇到自己不熟悉的动植物，就觉得是什么怪异之物。

在徐昆笔下，很多动物都是有灵性的，甚至比人还重感情。蒲松龄喜欢写狐妖报恩，而徐昆甚至对一些家畜都有感情上的寄托，创作了不少感人的故事。

比如，有篇关于"孝牛"的故事，就很有意思。据说，在江苏沭阳，有个王屠户以杀牛为业，有一次，他买下一对母子牛，准备杀掉。不料这牛犊衔起刀，就往外跑，等找到牛犊的时候，发现它竟然把刀子吞进肚子里了，向人们低声哀嚎，好像是在求救。有人说，牛犊吞刀，是不愿意让王屠户杀母牛。有个孙老汉知道这牛有了灵性，就花重金从王屠户手里买下了两头牛。他原来以为牛犊吞刀后活不长了，没想到它的身体没有出现任何问题。

后来两头牛一直用于耕种，过了 20 多年，直到他儿子那一辈，当年的牛犊才寿终正寝。有人想起当年牛犊吞刀的故事，就打开了牛的肚子，只见那把刀像崭新的一样，还在牛的胃里，被一层层的厚皮包裹着。这件事特别神奇，经过人们口耳相传，最终进入《柳崖外编》。

当然，动物也不都是有善心的，徐昆也写了不少邪恶动物的故事。比如，有篇"恶虎吃人"的故事同样发人深省。

在安徽黄山歙县的老竹岭[1]，有个潘猎户，有次他打猎回来，发现妻子被老虎叼走了。非常愤怒，他在山间设置了各种机关、陷阱，发誓要除掉恶虎。但这害人的家伙就像有灵性一样，总是不上当。

有个热心的道士献计，让他在陷阱里放一只羊，在陷坑旁打一个草棚，里面放一些赌具。潘猎户照做之后，恶虎果然现身，它身边还跟着十多个伥鬼。[2] 每次恶虎要进坑吃羊，伥鬼就阻止它。但伥鬼很快发现了草棚里的赌具，纷纷去赌博，顾不上老虎了。最后，没有伥鬼帮助的老虎掉入陷坑，被潘猎户用箭弩射杀——这个故事，看似是在写老虎和伥鬼，其实也是在讽刺现实中恶霸的愚蠢和为虎作伥者的贪婪。

《柳崖外编》成书之后，徐昆似乎"摆脱"了与蒲松龄相似的命运，竟然在科举上运气变好，终于在 66 岁的时候高中进士。不过，徐昆对做官兴趣不大，心思不在官场上，而是沉浸在书海里，有时钻研经典，有时游戏笔墨。再加上他家境富裕，也不用为生计操劳，最后活到 80 多岁才去世，在当时也算高寿了。

---

[1] 老竹岭，至今尚在，在徽杭古道上。这也佐证了故事是有真实原型的。

[2] 古人认为被老虎吃掉的人，就会变成伥鬼。当老虎出现时，往往身边跟着几个伥鬼。为虎作伥，即典出于此。

《瀛寰志略》：
文言版的世界地理

清朝道光二十九年（1849年），徐继畬的《瀛寰志略》完稿。此时，他或许还意识不到这部书将在中国近代史上扮演何种重要角色，在不久的将来，它帮助不少仁人志士打开视野、了解世界，徐继畬也由此成为近代中国开眼看世界的先驱之一。

《瀛寰志略》里"瀛寰"二字就是世界的意思。元代诗人萨都剌有云："真境空明自今古，烟霞依旧隔瀛寰。"而即便在清代，以瀛寰来指世界，也不算是一种很通俗的说法。《瀛寰志略》堪称文言版的世界地理，虽然语言有些晦涩，但对当时的读书人来说，却是真正的"新世界"，很多人像发现新大陆一样，对徐继畬描述的海外世界充满兴趣。

徐继畬在《瀛寰志略》开篇的自序里就提到，"地理非图不明，图非履览不悉。大块有形，非可以意为伸缩也。泰西人善于行远，帆樯周四海，所至辄抽笔绘图，故其图独为可据"。可见，徐继畬对于世界的认知，是有宏观眼光的。古代的中国人往往认为自己才是世界的中心，虽然知道域外之地，却难有科学的认识。徐继畬能有敏锐的判断，是因为他能认识到根据科学数据测绘的世界地图是得到航海、天文等学科验证的，而不是对于世界神秘化的臆测。

关于国外地名翻译，徐继畬既尊重翻译规则，又考虑到了传统习惯问题:"各国正名,如瑞国当作瑞典,嗹国[1]当作嗹马,西班牙当作以西把尼亚,葡萄牙当作波尔都噶亚。然一经更改,阅者猝不知为何国,故一切仍其旧称。"此处提到的四个国家,即瑞典、丹麦、西班牙、葡萄牙。如果是直译,就不会叫这四个名字,但过去人们称呼它们的名字习惯了,徐继畬就沿用旧的译名。

徐继畬在书中放了一张《皇清一统舆地全图》,根据这张地图我们可以了解到,道光年间的地图绘制水平还算可以,国家大致轮廓是清楚的,但一些区域的比例却不科学。比如,图中朝鲜半岛面积比真实的要大一些,胶东半岛、海南岛的形状也不太对,至于新疆、西藏等边疆区域的准确度就更低了。这种地图信息的模糊性,虽然在科学上立不住脚,却能反映当时绘图人对世界的认知。

《瀛寰志略》里的亚洲地图,也是形状、轮廓大致准确,却精度不够,很多细节都有问题。比如,图上的日本北海道面积太小,本州岛又太大,失真严重。印度和印尼诸岛的形状也比较夸张,要么很大,要么很小。让人惊奇的是,反而是俄罗斯西伯利亚北冰洋沿岸的海岸线画得很清楚,不知当时徐继畬参考的是何种信息,竟然能对这块近乎无人的区域有如此详细的了解。

在介绍具体国家时,徐继畬几乎穷尽了他能掌握的一切资料,并把各种译名和信息都写在书里。比如,介绍英国时,其正式叫法是英吉利,却也有英机利、英圭黎、膺吃黎、䚈厄利、英伦的及列不列吨等很多种叫法。徐继畬还介绍了英国地理的基本情况:

---

[1] 丹麦的旧译名。

欧罗巴强大之国也。地本三岛，孤悬大西洋海中。迤东两岛相连，南曰英伦（一作英兰）[1]，北曰苏格兰（一作斯哥西亚，又作师古泰），两岛南北约二千余里，东西阔处五六百里，狭处三四百里。迤西别一岛，曰阿尔兰（一作耳兰，又作壹尔兰大）[2]，南北约七八百里，东西约五六百里。英伦南境与荷兰、佛郎西[3]皆相近，舟行半日可达。距佛尤近，海港[4]狭处止六七十里，两岸可以相望也。

英格兰、苏格兰、爱尔兰等地名，也都已经出现了。

在书中，美国被称为米利坚合众国，又叫花旗国。（"因其船挂花旗，故粤东呼为花旗国。"）美国地理的基本信息，在书中是清楚的，只是地名的译法，与今天差异较大：

　　北界英土，南界墨西哥、得撒[5]，东距大西洋海，西距大洋海。东西约万里，南北阔处五六千里，狭处三四千里……落机大山[6]绕其西，中间数千里，大势砥平。江河以密士失必[7]为纲领，来源甚远，曲折万余里，会密苏尔厘大河南流入海……

---

1 英格兰的旧译名。

2 爱尔兰的旧译名。

3 法国（法兰西）的旧译名。

4 此处海峡指英法之间的英吉利海峡。

5 得克萨斯的旧译名。

6 落基山的旧译名。

7 密西西比河的旧译名。

落基山、密西西比河等重要山川河流的信息也都出现在书中，只是译名看似比较奇怪。

最有趣的是，徐继畬毕竟不能挣脱儒家礼教与封建皇权思想的束缚，对华盛顿在美国开辟新政体的做法，感到十分迷惑：

> 按华盛顿，异人也。起事勇于胜广，割据雄于曹刘，既已提三尺剑，开疆万里，乃不僭位号，不传子孙，而创为推举之法，几于天下为公……余尝见其画像，气魄雄毅绝伦，呜呼，可不谓人杰矣……

对于总统选举制，徐继畬在现实和历史上找不到对应的"坐标"，只能进行客观描述："各国正统领之中，又推一总统领专主会盟、战伐之事，各国皆听命。其推择之法与推择各国统领同，亦以四年为任满，再任则八年。"他百思不得其解，只得引用华盛顿的话，来解释这种奇特的权力承继方式，"得国而传子孙，是私也。牧民之任，宜择有德者为之"。

徐继畬开眼看世界的时候，统治者还在醉生梦死的状态里，直到西方列强的坚船利炮打开了清帝国的国门，国人才渐渐了解了世界，但这个过程却是充满阵痛的。《瀛寰志略》在某种意义上，也扮演了警示之钟的角色。

《楹联丛话》：
清代学问家整理历代对联

清代学者梁章钜家学渊源深厚，很喜欢研究历代楹联，经过多年积累，写出了《楹联丛话》一书。此书收录了大量古代的对联佳话和楹联知识，于今读来，仍让人大开眼界，有不少妙趣横生之处。

《楹联丛话》收录了600多种楹联，分为以下十二卷：一、故事；二、应制；三、庙祀（上）；四，庙祀（下）；五、廨宇；六、胜迹（上）；七、胜迹（下）；八、格言；九、佳话；十、挽词；十一、集句集字；十二、杂缀谐话。

梁章钜在《楹联丛话》自序中说："博访遐搜，参以旧所闻见，或有伪体，必加别裁。邮筒遍于四方，讨源旁及杂说，约略条其义类，次其后先。"他花了不少工夫来收集历代楹联，进行基本的考证。一些传统文人只把楹联当成读书之外的趣味，不把它当成学问，但梁章钜很认真地整理了大量内容，算是古代楹联知识的集大成者。

梁章钜很难得地记录了故宫各宫殿的春联内容："紫禁城中各宫殿门屏槅扇皆有春联，每年于腊月下旬悬挂，次年正月下旬撤去。或须更新，但易新绢，分派工楷法之翰林书之，而联语悉仍其旧。闻旧语系乾隆间勒儒臣分手撰拟，皆其时名翰林所为，典丽矞皇，允堪藻绘升平，被饰休美。"

比如，故宫太和殿前大门——太和门的左右侧，贴着这样的对联："日丽丹山，云绕旌旗辉凤羽；祥开紫禁，人从阊阖觐龙光""鸢观翔云，九译同文朝玉陛；凤楼焕彩，八方从律度瑶阊"。乾清门的楹联则是："帝座九重高，禹服周疆环紫极""皇图千祀永，尧天舜日启青阳"。

北京历代帝王庙则有皇帝亲自题写的楹联："治统溯钦承，法戒兼资，洵哉古可为监；政经崇秩祀，实枚式焕，穆矣其神孔安。"[1]

在甘肃文县，有座纪念周文王的庙宇。梁章钜可能都不清楚这座庙到底在哪里，只说在甘肃很偏僻的一个地方。这座庙如今已经找不到了，但当时庙门的楹联却被梁章钜记录下来："蒙难观爻，石径蓁藜皆卦象；拘幽作操，云田柞棫亦琴材。"

梁章钜还说，在长沙有纪念屈原、贾谊的庙宇，楹联是对两人品行、功绩的总结："亲不负楚，疏不负梁，爱国忠君真气节；骚可为经，策可为史，经天行地大文章。"屈原、贾谊的爱国情操和忠肝义胆，至今仍令人钦佩。

梁章钜还记录了不少名胜古迹的楹联。比如，西岳华山上有副著名对联："三峰三霄通，宝掌千秋留藓迹；一岳一石作，金天万里矗莲花。"在岳阳楼上，有名联"四面湖山归眼底，万家忧乐到心头"，典故出自范仲淹《岳阳楼记》"先天下之忧而忧，后天下之乐而乐"之论。幸运的是，这副对联至今尚在。至于济南大明湖的楹联"四面荷花三面柳，一城山色半城湖"，名气就更大了，早已成为济南的文化旅游招牌。

---

[1] 此联尚在今天的北京历代帝王庙。

《天史》：
古代的"十宗罪"

明末清初文人丁耀亢写过一本《天史》，堪称古代的"十宗罪"，记录了大量古代帝王将相的惊天大案，将人性之复杂幽暗展现得淋漓尽致。特别是反叛、残暴、骄奢、淫逸、负心、贪婪、朋党等类型的案件，教训深刻，发人深省。

《天史》里的故事，大多比较出名，整理、记录这些历史故事，本身没太多值得说的。但丁耀亢对每个故事都有可谓精彩的史评，寄托了他向往光明、鞭挞丑恶的精神，非常值得品读。

如太康失国、后羿代夏、寒浞杀羿、少康复国这个系列故事，丁耀亢点评道：

禹吾无间然矣！一传而有甘誓之战，再传而至太康。羿浞相篡，失国者几百年而后复，岂禹变为家，亦有未慊天心者乎？不也。太康失德，羿浞构祸，是天之未厌乱也。一娠而诞少康，弱旅孤臣，卒以凝承新命，而后知禹德之不衰也。靡鬲诸臣，谓非天心所权欤？

从太康失国到少康复国，夏朝经历了一段曲折的过程。¹因为太康沉迷打猎，不理朝政，东夷部落的首领羿篡夺了王位，但羿后来也不务正业，被寒浞篡位，最终少康消灭了曾经的敌人，才让王位重新回到夏禹一脉。这个过程虽然漫长、复杂，但最终还是正统力量消灭了篡位者，这在古代保守的读书人来看，就是"正义终于战胜邪恶"的故事。²

对于安史之乱，丁耀亢痛心疾首，也在书中点出了安禄山、史思明的下场，并评论道：

> 非其种者，锄而去之。先王知华夷之不可以一而限焉。以其非吾族也。乃至衽席之侧，置一异物，初以为狎之，不知其为所狎也。譬若驯狼守羊，终逞野心耳。然亦有异焉，金日䃅亦胡人也，忠与伊、霍比，何哉？盖犬马知恩，鸱枭无义，以禽兽报人者，亦来禽兽之报。若非父子相夷，唐几中灭矣！³

1《史记·夏本纪》关于这段历史的文字十分精简："夏后帝启崩，子帝太康立。帝太康失国，昆弟五人，须于洛汭，作《五子之歌》。太康崩，弟中康立，是为帝中康。帝中康时，羲、和湎淫，废时乱日。胤往征之，作《胤征》。中康崩，子帝相立。帝相崩，子帝少康立。"再往后，就是某某夏王崩、某某立这样十分机械的记载了，对其在位时间、生平事迹几乎全无记录。关于太康失国的过程，《史记》没有详细记录，倒是《尚书》提供了较为丰富的史料。在《尚书·夏书》中有篇《五子之歌》："太康尸位，以逸豫灭厥德，黎民咸贰，乃盘游无度，畋于有洛之表，十旬弗反。有穷后羿因民弗忍，距于河，厥弟五人御其母以从，徯于洛之汭。五子咸怨，述大禹之戒以作歌。"

2 关于夏朝这段曲折的历史，司马迁的态度有些吊诡。司马迁把少康复国的详细记录放在《史记·吴太伯世家》里，而从历史叙事的角度看，这段历史显然应该出现在《夏本纪》里。这背后恐怕有叙事手法之外的问题，更关乎司马迁的史学思想。或许司马迁并不希望后世看到一个孱弱的夏王朝，毕竟在夏朝初期，就被篡权夺位，并不符合后世对上古三代多圣贤的美好想象。但是，司马迁的纠结之处在于，他毕竟是个严肃的史学家，不该刻意遮盖祖先的"至暗时刻"，因此，他才在"世家"的第一篇中，借助伍子胥之口，把夏朝这段历史曲折的历史记下来。正是这样的操作，才让中华上古历史构成了一个完整的、没有中断的世系传承，让后世惊叹远古祖先的丰功伟绩，进而形成华夏文明的共同体意识，"天下"的文明古今一体的话语才得以确立。

3 安禄山、史思明也曾称帝，但不被后人视为正统。

丁耀亢将安禄山、史思明看成蛮族和叛逆，认为他们暴虐不仁，如同禽兽。而且当年唐玄宗对安禄山有恩，安禄山却恩将仇报，更加悖逆古代的儒家伦理。因此，丁耀亢对安禄山之流的鞭挞力度非常大。

在残暴篇中，与历代读书人一样，丁耀亢对秦始皇也没啥好感，直接称他"无道"，并说其暴虐直接导致秦朝二世而亡：

> 吾读太史公《秦本纪》，乃知秦之积恶深矣。习戎狄之行，弃礼乐之化，自商君刻深，至政而愈振焉。弃天灭人，古未有者。死未寒而地分，至二世而督责愈力，欲不亡得乎？呜呼，鬼物遗璧，贼臣灭宗，天之报亦彰矣哉！

秦始皇在历代儒家文人眼中绝非正面人物。考虑到知识分子的感受，历代帝王也很少说秦始皇的好话，以至于明清皇帝设立历代帝王庙祭祀前人时，没把秦始皇放在祭祀名单里。[1]丁耀亢还是"暴秦论"的坚定拥趸，对《史记》中的秦始皇形象也大加鞭挞，认为秦二世而亡是报应。古人讲究"天人感应"，只有爱惜百姓的皇帝，才能得到上天的眷顾。丁耀亢的想法与当时多数读书人一样，都认为秦朝的覆灭源于残暴，这是历史的必然。

与之类似的是，白起在长平之战坑杀赵国四十万战俘，也引起了天怒人怨。白起很快遭到了报应，被秦王赐死。丁耀亢也在书中继续鞭挞白起的恶行：

---

[1] 作为中国历史上的第一位皇帝，秦始皇一直无法列入历代帝王庙的祭祀名单里。不论是朱元璋在南京设立的历代帝王庙，还是清朝皇帝后来在北京建成的历代帝王庙，都没有秦始皇的祭祀牌位。后世主流价值观眼中的秦始皇形象，由此可见一斑。

> 诛降杀顺，大不义也。弱鸟投人，犹为依依。一日而坑四十万，为造物忌必矣。何至引天咎？曰"是足以死？"然而亦已晚矣！

到了十六国时期，帝王的伦理禁忌就更少了，很多帝王都不太在乎道德约束。比如，对于姚苌这样忘恩负义的历史人物，丁耀亢更是气不打一处来。姚苌本来得到前秦天王苻坚的重用，却在淝水之战后背刺苻坚，一代英雄死于小人之手。姚苌虽然建立了后秦政权，却也不得善终。[1]

对此，丁耀亢点评道：

> 虎狗固不可以恩遇也。当坚委命龙骧，倒阿授谶，固不意其为鞭尸棘坎之人也。然坚欲以危晋，苌反以亡秦，勃勃又伏于侧而伺之焉。螳螂相捕，未有已时。饥鹰饿虎，肉饱奔扬。畜之者非也。吾于犬羊乎何诛？

淝水兵败后，前秦内部的分裂势力纷纷叛变，庞大的帝国摇摇欲坠，姚苌也趁机背叛苻坚。[2] 385年，姚苌向苻坚索要传国玉玺未果后将其缢杀，一代大秦天王终死于叛将之手。姚苌虽然也成为雄霸一方的割据政权之主，

---

[1] 史书上说姚苌"少聪哲，多权略，廓落任率，不修行业，诸兄皆奇之"，如此评价十分符合一个枭雄的少年形象。姚苌从小就足智多谋，但不拘泥于规章制度的限制，比较有独立想法，在兄弟之间早就崭露头角了。因此，姚苌一上战场，就辅佐父亲和大哥作战，直到大哥姚襄兵败被苻坚杀掉后，他才向前秦投降。姚苌后来背叛苻坚，遭到后世诸多非议。

[2]《晋书》有记载："苌求传国玺于坚，曰：苌次膺符历，可以为惠。坚瞋目叱之曰：'小羌乃敢干逼天子，岂以传国玺授汝羌也，图纬符命，何所依据？五胡次序，无汝羌名。违天不祥，其能久乎！玺已送晋，不可得也。'苌又遣尹纬说坚，求为尧、舜禅代之事。坚责纬曰：'禅代者，圣贤之事。姚苌叛贼，奈何拟之古人？'坚既不许苌以禅代，骂而求死，苌乃缢坚于新平佛寺中，时年四十八。"

但他的晚年实在凄惨，直到死前，依然陷在谋害苻坚的阴影里无法解脱。[1]

姚苌被噩梦阴影控制，在惊恐中死去，还连连称不是自己害死的苻坚，而是姚襄所为。在忠义观念趋于瓦解的十六国时期，姚苌的死法或许正是一个隐喻：苻坚坦荡包容，不以诡计谋天下，却不想毁于姚苌等人的悖逆中，而悖逆者也因此难有好的结局。

再如，北宋末年，徽钦二帝奢靡无度、祸国殃民，也被读书人看在眼里。对于宋徽宗大搞花石纲，毫不爱惜民力的骄奢之举，丁耀亢更是特别指出，靖康之耻就是源自宋徽宗，这与《水浒传》点出的"乱自上作"的思想是一脉相承的：

> 禽鱼花木，山人幽士，借以娱性而无损高致。人君好之，则以亡国，何哉？尤物无常，入人之嗜癖而成妖。故懿公以鹤亡[2]，徽宗以石灭，[3]良由六贼在心腹故也。卒之艮岳排空，夜月泣妖狐之榍；绛宫凌汉，秋风吹羯虏之尘。琳廊翠，转眼丘墟，赤血满郊，父老洒东山之泪矣……

丁耀亢的点评之所以如此犀利，跟他所处的时代背景和人生际遇是分不开的。他本来出自书香世家，少年时代就很有抱负和才华，但在科举路

---

[1]《晋书》对姚苌的结局有很清楚的交代，他始终活在背叛苻坚的阴影里，最后惊惧而死："苌如长安，至于新支堡，疾笃，舆疾而进。梦苻坚将天官使者、鬼兵数百突入营中，苌惧，走入宫，宫人迎苌刺鬼，误中苌阴，鬼相谓曰：正中死处。拔矛，出血石余。寤而惊惧，遂患阴肿，医刺之，出血如梦。苌遂狂言，或称：臣苌，杀陛下者兄襄，非臣之罪，愿不枉臣。"

[2] 卫懿公卫赤，是春秋时期卫国第十八任国君，荒淫无道，竟然给喜欢的仙鹤封官加爵。后来外狄入侵，赤狄灭了卫国，卫懿公也被杀害。卫懿公因喜欢仙鹤而亡国的典故，时常被后世文人提起。

[3] 宋徽宗偏爱花石纲而压榨百姓之典故。

上十分不顺，屡试不中。人到中年，又赶上明清易代，面对山河陆沉和清军入关后的惨淡现实，他也无能为力，只能把一腔怒火和热血，宣泄到文字上。即便如此，丁耀亢还是被清廷投入大狱。晚年的丁耀亢双目失明、郁郁寡欢，终于一病不起，在 71 岁那年溘然长逝。

《笑林广记》：
民间笑话集

虽然今天在网络舆论场上不乏各种幽默段子，但翻阅古书可见，古人留下的民间笑话并不多。或许这类内容实在难登大雅之堂，严肃的文人不屑于记录它们，下里巴人的玩意儿，又很难记录在史书上，渐渐地就失传了。不过，还是有些古代笑话书成功流传至今，只是其中的段子，以今人眼光来看未必是好笑的。

明朝著名才子李贽编撰过一本杂书，名为《李卓吾开卷一笑》（又名《开卷一笑》），有笑话、寓言、评论等多种内容，还对一些荒诞、奇葩故事颇有猎奇。比如"怕老婆的故事"，名为《惧内经》，文风俏皮、语言粗俗，倒也反映了民间文人的一些"恶趣味"。如今读来，有些话简直就是刻薄的吐槽：

> 老婆不是世凡人。他是什么人？他是天上一座星。他是什么星？他是一颗黑杀星，白虎星，天狗星，天贼星，天罗星，地罗星。不犯之时犹自可，犯了之时吓杀人。顺则和颜悦色，眼底生春，逆则风波当时起，平地起乌云，花容变恶貌，那管枕边人……要离苦海，古训宜遵。南无怕老婆菩萨摩呵萨。摩呵般若波罗蜜。[1]

---

[1] 这些文字背后是古人错误的性别观念。在男尊女卑的时代，一些人会将女性视为调侃、嘲讽的对象。对于这类存在古代糟粕观念的内容，是读者在阅读时需要注意甄别的。

诞生于清朝的《笑林广记》，堪称中国古代笑话的集大成之作，将各种笑话分门别类地进行整理。全书共分为12部：一古艳、二腐流、三术业、四形体、五殊禀、六闺风、七世讳、八僧道、九贪吝、十贫窭、十一讥刺、十二谬误。这些笑话短则十几字，多则百字，都非常短，而且是很通俗的白话文，今人阅读也几乎没有障碍。只是这些笑话在如今人们"笑点"变得很高的情况下，是否还那么有趣，就见仁见智了。

在此选取其中一些比较有特点的故事，列在下面，以飨读者：

> 小虎谓老虎曰："今日出山，搏得一人，食之滋味甚异，上半截酸，下半截臭，究竟不知是何等人。"老虎曰："此必是秀才纳监者。"——《酸臭》

很显然，这篇就是在讥讽穷酸文人的。还有一些自诩为才子的人，却不具备公认的才气，竟然活成了别人眼中的笑话。比如这篇故事里的主人公，也是一个自命不凡的秀才：

> 一瞎子双目不明，善能闻香识气。有秀才拿一《西厢》本与他闻，曰："《西厢记》。"问："何以知之？"答曰："有些脂粉气。"又拿《三国志》与他闻，曰："《三国志》。"又问："何以知之？"答曰："有些刀兵气。"秀才以为奇异，却将自做的文字与他闻，瞎子曰："此是你的佳作。"问："你怎知？"答曰："有些屁气。"——《识气》

还有某些幽默段子，可以反映古代民间对待化外人士的调侃态度：

道士、和尚、胡子三人过江，忽遇狂风大作，舟将颠覆。僧、道慌甚，急把经卷掠入江中，求神救护。而胡子无可掷得，惟将胡须逐根拔下，投于江内。僧、道问曰："你拔胡须何用？"其人曰："我在此抛毛（锚）。"——《抛锚》[1]

不知是不是今人的"笑点"变高了，还有一些古代笑话，其实也谈不上多可笑，更像是某种意义上的"冷幽默"。

比如以下几篇，虽是《笑林广记》里的"经典"故事，却也趣味一般。

有卖鹅者，因要出恭，置鹅在地。登厕后，一人以鸭换去。其人解毕，出视叹曰："奇哉！才一时不见，如何便饿得恁般黑瘦了。"——《鹅变鸭》

一人见冥王，自陈一生吃素，要求个好轮回。王曰："我那里查考，须剖腹验之。"既剖，但见一肚馋涎。因曰："罚你去变一只蟹，依旧吐出了罢。"——《罚变蟹》

一人遇饿虎，将遭啖。其人哀恳曰："圈有肥猪，愿将代己。"虎许之，随至其家。唤妇取猪喂虎，妇不舍曰："所有豆腐颇多，亦堪一饱。"夫曰："罢么，你看这样一个狠主客，可是肯吃素的么？"——《不吃素》

一富人酷嗜古董，而不辨真假。或伪以虞舜所造漆碗。周公挞伯禽之杖，与孔子杏坛所坐之席求售，各以千金得之。囊资既

---

[1] 借助谐音来表达幽默，是古今笑话的常见套路。

空,乃左执虞舜之碗,右持周公之杖,身披孔子之席,而行乞于市,曰:"求赐太公九府钱一文。"——《好古董》

《笑林广记》里虽有一些讽喻意味浓厚的故事反映了一些世道人情,但也有不少格调不高的糟粕,涉及两性的段子不少。囿于其言过于低俗,此处不再提及。还有不少笑话,其实只是记录者自以为好笑,并不是真的幽默,本质上是戴着有色眼镜对看不惯的人进行歧视和嘲讽。

从《夏商野史》
到《铁冠图全传》的历史写作

在古代商品经济比较活跃的时期，不少文人都想通过写小说来获利。虽然金钱欲望催生了不少粗制滥造的小说，但它们最多扬名一时，难以得到后世的认可。尽管古代不少读书人都认为写小说不是什么"正道"，但仍有一些人将不少心绪和精神，寄托在小说创作上。尤其是在历史小说里，常见作者心中难以磨灭的道义感。

明末文人钟惺，就是一位崇尚圣贤之道的文人。他在万历三十八年（1610年）考中进士，后来官至南京礼部主事，虽在政治上成就不高，却热衷诗文、著述颇丰，与谭元春并称为"钟谭"，是小品文竟陵派的代表人物。钟惺写过两本白话历史小说，相较于文言诗文更加通俗晓畅，却不为人熟知：一为《按鉴演义帝王御世盘古至唐虞传》，二为《夏商野史》，两本书的时间线是连在一起的，读者可相继阅读。

《按鉴演义帝王御世盘古至唐虞传》，又名《盘古至唐虞传》，乃上古史的通俗演义，从盘古开天辟地写起，有巢氏、燧人氏、仓颉、伏羲、共工、黄帝、蚩尤、颛顼、尧、舜相继登场。作者眼中的上古圣贤故事，就到尧舜为止了。

此书开篇有诗云："天悠悠，水悠悠，今古遗事好探求，请君一寓眸。芦花秋，蓼花秋，浑沌于今总一丘，战争空图谋。"颇有《三国演义》开篇杨慎《临江仙》的味道。此书从盘古一直写到大舜。在舜帝离开后，夫人娥皇、女英，终日以泪洗面，留下"湘妃竹"的传说。钟惺在小说里特为"湘妃竹"赋诗一首："感伤神灵倏宾天，弹泪何能到彼边？但看猗猗江上竹，迹留千古在长川。"

《夏商野史》则用通俗易读的笔法，讲述了从夏禹到周灭商期间的故事。《史记》《尚书》等史书里记录的历史事件，这本小说基本上都提到了，还加入了很多文学上的想象和演绎。比如商王武乙射天的故事，在《史记》里记录武乙之死，就简单的一句话："武乙猎于河渭之间，暴雷，武乙震死。"除了武乙被雷劈死，就只有"在黄河与渭河之间的区域打猎"这一个信息了。不过，文人的想象力是丰富的，钟惺根据这句话，在《夏商野史》里讲述了一个情节丰富的故事，描绘了一幅生动的图景：

> 武乙正于河渭挺高兴驱鹰捉兔，于时天正午，太阳当空。忽然天上瑷瑷靆靆[1]，无雨而云。一阵狂风，吸忽声响，对武乙面上吹来。武乙马上坐不稳，似有人扯番落马一般。又电光四闪，三军目迷。猛听得半空一声霹雳，空中有人道："武乙逆天罪大，死于非命。"被雷击死地下了。半晌，闻云敛风和，依然红日光辉。众文武定睛看时，但见武乙头发散乱，被震死，跪在沙汀。群臣大惊，收拾武乙身尸，回朝。[2]

武王伐纣也是《夏商野史》里的重要情节。比较有趣的是，很多书在

---

[1] 瑷瑷（ài）靆靆（dài），雾气弥漫的意思。

[2] 这段描述显然加入了很多小说家的想象。历史上的武乙挑战"天神"，其实比那些在《史记》上只留下一个名字的商王，做了更多打破常规的事情。学术界有观点认为，殷商晚期王权与神权斗争激烈，"武乙射天"这种近乎荒诞的行为是为了挑战对王权构成威胁的祭祀利益集团，只可惜失败了，在外出打猎时意外死去，还被污名化为"震死"和"无道"。

讲述这段历史时，都会以周人之口，列举商纣王的几大罪状，似乎不这样做，就无法引起人们对纣王无道的共鸣，就无法证明周代商的政治合法性。关于纣王罪状的最早记录，应该是《尚书·牧誓》里的这段话：

> 今商王受，惟妇言是用。昏弃厥肆祀，弗答；昏弃厥遗王父母弟，不迪。乃惟四方之多罪逋逃，是崇是长，是信是使，是以为大夫卿士；俾暴虐于百姓，以奸宄于商邑。今予发，惟恭行天之罚。

到了许仲琳在明朝万历年间写《封神演义》的时候，纣王的罪状就更清晰和"完善"了。在《夏商野史》里，对纣王荒淫无道的形象，有了更充分的想象和描述，列出了纣王的"十大罪状"：

> 其一，杀皇后，逐太子，殄绝三纲；其二，建台谢，广沙邱，苦虐万民；其三，以酒为池，悬肉为林，[1] 伤生害性；其四，虿盆之张，炮烙之建，[2] 惨酷刑人；其五，剖贤人之心，囚羑里之狱，滔天之恶；其六，破孕妇之胎，斩朝涉之胫，悼地之惨；其七，欲乱黄飞虎[3]之妻，君臣倒置；其八，曾醢伯邑考之酱[4]，父子参商；其九，不敬天时，以致水涝旱灾；其十，不重民事，以致废业荒农。（《夏商野史》第三十回《孟津河白鱼入舟 太公遗计收五将》）

---

1 酒池肉林这一典故就出自商纣王。

2 虿盆，是把人放到装满毒蛇的容器里。炮烙，是将人绑到烧红的铜柱上。都是古代著名的酷刑。在《封神演义》里，它们都是商纣王迫害忠良的手段。

3 黄飞虎是《封神演义》里的虚构人物，在历史上并不存在。但由于《封神演义》的影响太大，后世在说起商纣王罪行的时候，时常会将迫害黄飞虎的"罪名"也安在商纣王身上。

4 醢（hǎi），古代酷刑，指将人剁成肉酱。伯邑考是周文王长子，商纣王将伯邑考杀掉后，还把他做成肉酱，送给周文王吃。如此残暴的行为，也为武王伐纣的故事提供了道义感与合法性。

钟惺沿用了前人关于纣王酒池肉林、炮烙剖心等昏恶残暴行为的"固定人设",又增加了不敬天时、不重民事等似乎套用在任何一个亡国君主身上都合理的"常见标签"。由此可见,一个历史人物是如何随着时间流逝而形成"累积"历史形象的,文人的添油加醋在其中起到了重要作用。

类似的写作风格,在《七十二朝人物演义》一书中也能见到。此书作者是明朝人,姓甚名谁已无可考证。此书所言"七十二朝",并非真的有七十二个朝代,而是虚指,书中基本都是春秋战国人物,当时有所谓的"七十二国",故名"七十二朝"。此书每卷讲述一个思想和趣味兼备的历史故事,算是历史小故事的串烧。用作者在序言里的话说,不同才智的人都能从中萌发兴趣、获得启迪:

> 此人物演义所以从理则理,从趣则趣,无泥之理而趣乖,泥之趣而理阻也。上哲之流读之为理,故理行而趣不死;中智之人目之为趣,故趣减而理不灵。

此书语言通俗幽默,白话口语很接地气,即便没有古文基础的今人,读起来也毫无障碍。甚至有的篇章还会制造悬念,如同网络时代的"标题党",故意不说清楚,让人啧啧称奇。如第三十四卷,题为《秦穆公用之而霸》,"之"是何人?熟悉历史者,都知此人乃百里奚[1],秦穆公重用百里奚而使秦国强大。但此书当时的读者,很可能是发蒙之时的孩童,因此,写这些故事,就得在重视教化的同时,保证可读性,尽量有趣、好看。此书语言通俗,也兼有诗文精美,如《孝哉闵子骞》这个故事里,作者不吝赞美之词,赋诗一首,称颂其孝顺之道:"修身乐天天性真,志笃友于昆弟自

---

[1] 秦穆公用五张黑羊皮,将百里奚从市井中赎身。百里奚成为秦国大夫,精心辅佐秦穆公,秦国由此而强大。

相亲。"

细细读之,作者本来的用意或许并非以反常规标题来吸引读者,而是对科举题目的调侃,因为故事标题竟然都是四书的原句。出自《论语》和《孟子》者格外多,出自《大学》与《中庸》者较少。如第三卷故事《公冶长可妻也,虽在缧绁之中,非其罪也》、第十卷故事《有澹台灭明》等,出自《论语》;第三十二卷故事《易牙先得我口之所嗜者也》,第三十七卷故事《孙叔敖举于海》等,出自《孟子》……

透过精妙的构思与畅快的文字,即便与作者相隔数百年,都能想象出他在创作时内心的快意,他或许是个深谙科举之道的教书先生,或许是个屡试不中的不得志文人,没能创造什么非凡功绩,却以罕见的解构姿态调侃了儒家经典。古代文人笔记小说也好,民间杂剧也罢,歌功颂德者有之,犀利批判者有之,却罕有读书人能以轻松口吻重释经典,这种难得一见的轻松感和调皮姿态,竟在《七十二朝人物演义》中能得以一见。

中国古代历史漫长,很多文人墨客都希望通过回顾和反思历史,汲取经验,总结教训。一些帝王也十分看重阅读历史作品,从其少年求学阶段开始,就有帝王师向其传授历史知识,作为将来执政的镜鉴。

比如,明朝张居正编撰的《帝鉴图说》,就是专门给皇帝辅导功课用的教材。万历皇帝在年少之时,便得其专门的教育,此书讲述了历朝各代的兴衰故事,上篇说的是贤明君主如何约束自我、励精图治,下篇讲的是昏庸帝王如何放纵欲望、祸国殃民。

上篇《圣哲芳规》有言："任贤图治，谏鼓谤木[1]，孝德升闻，揭器求言，下车泣罪，戒酒防微，解网施仁，桑林祷雨，德灭祥桑，梦赉良弼，泽及枯骨，丹书受戒，感谏勤政，入关约法[2]，任用三杰……"

下篇《狂愚覆辙》有言："游畋失位，脯林酒池[3]，革囊射天[4]，妲己害政，八骏巡游[5]，戏举烽火[6]，遣使求仙[7]，焚书坑儒，大营宫室，女巫出入[8]，五侯擅权[9]，市里微行，宠昵飞燕[10]，嬖佞戮贤，十侍乱政[11]，西邸鬻爵，列肆后宫，芳林营建，羊车游宴[12]……"

这些故事对后世的读书人来说不会陌生，光看标题就知道是哪段历史，但对年幼的皇帝来说，这却是宝贵的启蒙读物。不过万历皇帝大概也没真的学到心里去，否则也不会做出后来那些荒唐事了。

---

1 尧善于听取意见之典故。《淮南子》有记载："古者天子听朝，公卿正谏，博士诵诗，瞽箴师诵，庶人传语，史书其过，宰彻其膳。犹以为未足也，故尧置敢谏之鼓，舜立诽谤之木，汤有司直之人，武王立戒慎之鼗，过若豪釐，而既已备之也。"

2 刘邦约法三章之典故。

3 商纣王酒池肉林之典故。

4 商王武乙射天之典故。

5 周穆王西行之典故。

6 周幽王烽火戏诸侯之典故，但现在史学界多认为此事为虚构故事。

7 秦始皇派徐福寻找长生不老神药之典故。

8 汉武帝巫蛊之祸之典故。

9 东汉桓帝时期，单超、徐璜、具瑗、左悺、唐衡五名宦官，联合铲除梁冀外戚势力，却成为新的干扰皇权的势力。

10 汉成帝宠幸赵飞燕之典故。

11 东汉末年十常侍乱政之典故。

12 晋武帝司马炎虽为开国皇帝，却十分荒淫，灭掉东吴后，用大量南方女子充实后宫，自己坐上羊车到处闲逛，羊车停在一处房屋前，他就进去找漂亮宫女纵欲享乐，"临幸"那些女子，是为"羊车恣幸"。

为了方便求学者记忆，还有文人编写过"历史朝代歌"——生活在南宋末年的福建文人陈元靓就是其中之一。他记录了大量民间知识，编撰了一本卷帙浩繁的类书《事林广记》，天文地理、饮食男女、南腔北调、三教九流无所不包，随便翻阅都能发现意趣所在。此书成书于元朝初年，因为书里有段"历史朝代歌"，是《历代统系》后面的《历代歌》，读起来朗朗上口，从上古时代开始，一直说到大元，而且认为元朝国祚无限，是"万万世"。当然，这不过是当时"政治正确"的话，明眼人看到元之前的朝代都有兴盛与衰亡，都有终结之日，也不会真的认为大元可以无限存续下去：

伏羲神农与黄帝，是谓三皇掌天地。少昊颛顼及高辛，兼以唐虞号五帝。[1]夏商周今日三代，战国七雄侯十二，秦惟二世有楚王。西汉后为莽篡位，东汉诛莽复中兴。国魏蜀吴继至，西晋承魏都洛阳。东晋起于司马睿，南朝宋齐及梁陈。北号后魏东西魏，北齐后周同一隅。隋帝兴兮乃杨氏，李唐之后有五代。梁唐晋汉周相继，宋受周禅握乾符。忠厚传家三百岁，帝王神器已有归。大元接统万万世。

实际上，元朝只存在了98年就被明朝取代了。《事林广记》的编撰者或许不能也不敢想象元朝的国祚并不长，但他对之前历朝各代帝王的统治时间，却很感兴趣，也尽可能详尽地将其记录下来。甚至连夏、商、西周的王，各自在位多少年，也都有"精确"记录。然而，更接近原始史料的《史记》都对此语焉不详，《事林广记》毕竟不是严肃的史书，对上古帝王的记录还结合了非正史资料与民间传说，其记录的正确性有待考量。以夏王

---

[1] 三皇五帝到底是谁，有多种说法。此处将伏羲、神农、黄帝视为三皇，沿用了《三字经》的定义。五帝的版本更多，如太昊、炎帝、黄帝、少昊、颛顼，或者黄帝、颛顼、帝喾、尧、舜，或者黄帝、少昊、颛顼、帝喾、尧。

为例,《事林广记》记录如下:

> 禹　姓姒,鲧子,舜授以位,都韩,以金德王,在位十五年
> 启　禹子,在位一十年,传子自此始
> 太康　启之子,羿废之,因失国而死,在位三十年
> 仲康　太康之弟,羿废太康而立之,在位十四年
> 帝相　仲康子,徙都商,在位二十九年,羿逐相,篡国二年,其臣寒浞弑之
> 少康　相之子,灭寒浞,复禹旧迹,[1] 立二十一年
> 帝宁　少康之子,立十七年
> 帝槐　宁之子,立二十六年
> 帝芒　槐之子,在位十八年
> 帝泄　芒之子,在位十六年
> 不降　泄之子,立十九年
> 帝扃　不降之弟,立二十七年
> 帝厪　扃之子,在位二十年
> 孔甲　不降之子,好鬼神淫乱,诸侯叛之,在位二十二年
> 帝皋　孔甲之子,在位十一年
> 帝发　皋之子,在位十三年
> 桀　帝发之子,立五十年,□[2] 放之,天下归商

还有一些文人,会以更加具象的方式呈现历史人物和事件。比如,晚清画家丁善长绘就的《历代画像传》,就是其想象中的古人形象。此书现存光绪二十二年(1896 年)刻本,有 113 幅古人画像,重在写意,有传说人

---

1 夏朝少康复国之典故。

2 古籍字迹不清,原文不详。可以猜测,此处应为"汤"。商汤灭夏,取而代之。

物，如吕洞宾、何仙姑、彭祖，但更多的是历史上著名的帝王、名臣、良将，如刘邦、诸葛亮、尉迟恭，还有知名女性人物，如王昭君、赵合德、蔡文姬。

书中的彭祖[1]画像就很有意思，只画出了彭祖的背面，并未展现其真容。从背面来看，这是个枯瘦的长者，坐在地上，手握拐棍。他的胡须很长，身上裹着的衣服上还有三块补丁。彭祖以长寿而著名，或许丁善长认为其面容很难描绘，便采用了巧妙的方式，只展现其朴素与风霜之气。

丁善长在画王昭君和蔡文姬的时候，采用了对比之法，二人都低头抱琴，蔡文姬是正面肖像，王昭君却只有一个背影，至于其美姿如何，便引人遐想了。

清朝还有一类历史写作者，热衷于讲述英雄的传奇故事。比如，清朝文人李亮丞，创作了《热血痕》一书。其生平事迹无可考证，只能从小说内容推测，他大概是个内心充满激情却在现实中郁郁不得志的底层读书人，身处光绪年间，面对列强欺辱、山河破碎，只能通过创作历史小说来纾解内心郁结，表达对人性和时事的看法。

《热血痕》讲的是吴越之争的故事，此前已被民间说书人讲过无数次了的，越王勾践卧薪尝胆，在这部书里再次得到经典演绎。《热血痕》开篇就是一首《满江红》，言语犀利，读来酣畅淋漓，引人慨叹：

闲煞英雄，销不尽、填胸块垒。徒惆怅，横流无楫，磨刀有水。侧注鹰瞵横太甚，沉酣狮睡呼难起。叹鲁阳、返日苦无戈，

---

[1] 古代传说彭祖活了 800 岁，当然，这只是古人的美好想象。彭祖是长寿之人的代称。

空切齿。局中人，都如此，天下事，长已矣。且抽毫摅臆，撰成野史。热血淋漓三斛墨，穷愁折叠千层纸。愿吾曹、一读一悲歌，思国耻。

在李亮丞看来，不忘国耻才配做读书人，身处乱世，不能只求明哲保身，而要效仿勾践，为了复仇隐忍多年，等实力强大了，再给敌人致命一击。正所谓《热血痕》所言，"一时忠孝，万世楷模。报仇雪耻，是大丈夫"，这是很朴素的价值观，很符合清末一些民间读书人的真实心理。

在明清小说里，书写古代热血传奇者，还有《英烈传》与《续英烈传》。明朝万历年间，出现一本名为《英烈传》的历史演义，讲的是朱元璋南征北战的故事。

此书作者不详，也难以精确考证了。此书在民间流传后，很快便出现跟风之作，后人的续作《续英烈传》写的是靖难之役的故事。

值得一提的是，朱棣杀害建文旧臣这一明朝官方长期讳言的"黑历史"。虽然朱高炽即位后，有为一些人平反，但还有不少人仍然蒙受冤屈，后人也被打入另册。直到万历上台后，才彻底给壬午之难中被害的人平反，并称颂方孝孺、齐泰、黄子澄、铁铉等人的忠义。[1]《续英烈传》对朱允炆的遭遇很同情，认为他是仁德之君，不忍心"看到"他死于宫中大火，也不想冒着政治风险去编写"朱棣杀害朱允炆"的故事。

---

1 1402年，燕王朱棣"靖难"成功，一路南下，攻入南京。原来帮助建文帝朱允炆出谋划策、与朱棣英勇作战的名臣良将们，只要不愿投降的，大多成了朱棣残忍屠戮的对象。根据史料，当时满朝文武多达600多人，只有29人投降朱棣。朱棣深知自己得位不正，恐怕人们不服，便大开杀戒。从建文旧臣开始，一口气杀了100多个大臣，受牵连者更是不可计数。在朱棣死后，洪熙帝朱高炽就为一些在壬午之难中被杀的忠臣平反了。但"靖难"毕竟是朱棣及其后人统治合法性的重要来源，朱棣的继承人们也不敢全盘否定朱棣的做法。直到万历年间，靖难之役后的腥风血雨早已成为历史，朝廷才给多数人平反。

在《续英烈传》里，朱允炆的结局也是全书的终篇："建文自此遂萌归念。到正统二年，又削发行游。到正统五年庚申，建文年已六十四，遂决意东归。"

据小说所述，当年朱棣攻克南京时，朱允炆削发为僧，幸运地逃了出去，此后隐姓埋名几十年，直到正统年间见危险已去，才宣布自己就是失踪的建文帝。当时执政的明英宗朱祁镇于是将朱允炆迎回，让他住在宫中颐养天年，那时的朱允炆已经是个60多岁的老人了。[1]

《续英烈传》与《三国演义》等历史演义一样，也会在全书收尾处赋诗一首，慨叹一番：

风辰日午雨黄昏，时势休教一概论。神武御天英烈著，仁柔逊国隐忠存。各行各是何尝悖，孤性孤成亦自尊。反复遗编深怅望，残灯挑尽断人魂。

还有一些文人，笔下虽有热血，写的却是内心的"痛史"。比如，署名松滋山人的清朝文人创作的《铁冠图忠烈全传》[2]，讲的是明末的故事，从李自成起兵到崇祯自缢，再到清兵入关。此书立场明显亲明，把崇祯写成一个忠于社稷的好皇帝，努力平乱却回天无力。李自成在小说里的形象比较负面，与明朝官方口径一样，是所谓的"闯贼"。作者对明末历史很熟悉，似乎是经历过甲申之变的人，但此书大概到晚清时才流行于市，不知是否像很多古人作品那样经历过"雪藏期"，作者写完后并未及时出版，而是秘密

---

[1] 建文帝朱允炆的下落，是一个难解的历史之谜。民间一直有说法，朱允炆成功逃脱，后来出家当和尚了。这也成为后世文学创作的灵感来源。

[2]《铁冠图忠烈全传》简称《铁冠图全传》，又名《崇祯惨史》。

保存下来，过了几十年、上百年才重见天日。

松滋山人是何许人也？可惜，这又是一个姓名、事迹无考的作家。从其笔名来看，可能是一位老家或者居住地在松滋的人，今有湖北荆州松滋市，或许就是当地一位清代的民间文人。

耐人寻味的是，《铁冠图忠烈全传》中描写崇祯煤山自缢的情节很有现场感，甚至有镜头视角的变化。作者收集了一些史料，加上自己的想象力，便有了这段精彩的描述：

> 王承恩此回出去探望，明知帝要自尽，不忍目睹，故意延迟许久，然后转回。果见主上自缢，心如刀割，两泪交流，跪下祝道："圣上慢走，王承恩保驾来了。"即时解带，在松树缢死……去到煤山下，果见一个吊死在松树。所吊的系黄龙丝带，披发盖面，身穿蓝袍，右脚红鞋一只，袍帔写着几句红字诗词，系咬破指血写的："朕自登九五，焦劳日万机。几年遭水旱，数载见疮痍。岂料潢池弄，竟将社稷危。诸臣实误我，百姓受流离。文武当杀尽，吾民不可诛。"反面又写了几句："祯遗笔，晓谕自成：莫坏我尸，莫毁我陵，莫留我官，莫害我民。"

在作者笔下，太监王承恩也变成忠烈之人了。王承恩是陪伴在崇祯身边最后一位太监，看到崇祯自缢后，他也在旁边的树上自缢殉葬了。《铁冠图忠烈全传》给王承恩"加戏"不少："忽见右边又吊着一人，细看认得是司礼监王承恩。只见他面目如生，前襟写血字两句：国君死社稷，内臣随主亡。"

从清朝统治者的角度来说，宁可称赞崇祯，也不可能给李自成、张献忠等起义军领袖正面评价。《铁冠图忠烈全传》作为一部历史小说,对清朝的官方思想进行了文学化的阐释,因此并未被禁。不过,后世对此书关注较少,其知名度极低,随着时间流逝,便渐渐淡出国人视野。

《沪游杂记》：
晚清沪上的"生活家"

葛元煦是晚清长期旅居上海的文人，《沪游杂记》出版于光绪十三年（1887年）。当时上海社会灯红酒绿，处于西方思想冲击古老中国的最前沿，是中国最开放的城市之一。葛元煦看到上海社会各界的风貌，便将这花花世界记录下来，光怪陆离之事比比皆是，尤其对租界里的建筑、道路有比较多的描述，给后世留下了珍贵的史料。

葛元煦还是个"生活家"，对各种妙人趣事都感兴趣，编辑了《闲情小录初集》，其中有篇《红楼梦谱》很值得玩味。他非常详细地整理了《红楼梦》人物关系表，甚至连人物的诨名都仔细记录下来。如宝玉为"无事忙"，薛蟠为"呆霸王"，迎春为"二木头"，孙绍祖为"中山狼"，刘姥姥为"母蝗虫"——这本来是林黛玉吐槽刘姥姥的话，带有贬义，也列于此似乎不太合理。

至于《沪游杂记》，记录了很多近代上海开埠以来的城市细节，很值得细细品味。

当年的上海房价也是很高的。书中关于房价，有明确记载："上海租屋获利最厚，租界内洋商出赁者十有六七。楼屋上下各一间，俗名一撞。后有披屋，可以设竈，市面租金每月银数六七两至十两不等。僻巷中极廉，一撞亦需鹰洋三四圆。"

以至于作者都不禁慨叹："昔人言长安居大不易，今则上海居尤不易焉。"

甚至连当时上海租界的禁止行为，在《沪游杂记》里也有清晰记录。细细观之，已有城市现代文明的基本素养要求：

> 马车过桥驰骤
> 东洋车、小车在马路停歇
> 马车、东洋车、小车夜不点灯
> 小车轮响
> 早晨垃圾车过后倾倒垃圾
> 道旁随处小便
> 肩舆挑抬沿途叫喝
> 施放花爆
> 不报捕房在门前砌路、开沟及拆造临街房屋
> 私卖酒与西人饮
> 春分后霜降前卖野味
> 卖臭坏鱼肉
> 卖夜食者在洋行门首击梆高叫
> 肩挑倒挂鸡鸭
> 吃讲茶
> 沿途攀折树枝
> 早九点钟后挑粪担
> 乞丐行走
> 夜间行迹可疑及携挟包裹物件手无照灯

> 聚赌、酗酒、斗殴
>
> 夜戏过十二点钟
>
> 搭过街凉篷不报捕房
>
> 两人合坐东洋车
>
> 手携军械行走
>
> 娼家女仆路上拉人
>
> 私贩小钱、硝、磺违禁等物
>
> 箩扛挑夫把持马头生意……

当时距离大清灭亡还有20多年，上海最繁华的路段，已有路灯了，而中国绝大部分地区，入夜都是一片黑暗：

> 西人格物之功最精，能以电气引火为灯。上洋黄浦滩一带及大马路、四五马路繁盛处、十字街头皆矗立高柱，装电气灯，照耀如一轮明月。戏园中亦用此灯。又有小器可以置诸几案间，其价甚昂，人亦罕购。

甚至，当时上海连自来水都有：

> 自来水发源于杨树浦。其制先置蓄水器，高出层楼。器底积沙极厚。用机器吸取浦江之水，实诸其中，由沙漏入地底之铁管内，万派千条，四通八达，取携良便。又于二摆渡立水塔以验深浅。各处道旁所设水管当救灾之时，套以皮条即能引水，上冲可逾高墙，尤为有益。各家置一器引水入厨，所费无多。偶遇近邻失慎，大可保险。本地官绅每思引以入城，议尚格而未行也。

作者还注意到，当时一些外国人很讨厌在路上乱跑的狗，甚至由此衍生出了"捉狗"这一职业：

  西人最畏疯犬啮人，故工部局有捉狗之令。派一华捕专司其事。备小木笼车随行，手持竹杠，中贯绳索，下口作活结绳圈，出其不意套上狗颈，即将绳索抽紧，提狗入笼而去。凡华人所豢之狗，必须项挂小牌，无牌则一概捉去，二十四转钟时内尚可赴巡捕房认领，否则击毙。曾有善堂董事收回豢养，旋以愈集愈多，经费不足而止。

这类在今天看来有些怪异的记载，书中还有不少。《沪游杂记》堪称晚清上海社会包罗万象之书，值得细细品读。

在《右台仙馆笔记》里寻找神秘故事

晚清学者俞樾著有《诸子平议》《古书疑义举例》等著作，可谓一代学问大家。他更知名的身份，是俞平伯的曾祖父、章太炎的老师。与当时不少学者一样，除了钻研经典、阐释经义，他也喜欢记录一些神秘的小故事。《右台仙馆笔记》就是这样一部很有趣味的笔记小说集，读来丝毫没有迂腐气和晦涩感。学问家写起小说来，路子也是够"野"的，毕竟他学养深厚、见多识广，就算是开脑洞、编故事，也比一般人要强得多。

《右台仙馆笔记》里有不少动物通灵的故事，这与《聊斋志异》以来的清朝笔记小说路数相似。

> 同治庚午岁，湖北咸宁乡间颇有虎患。有盛氏儿牧牛于郊，突与虎遇。儿从牛背坠地，牛以身庇之，奋其角与虎斗，不胜。有他牛来助之，虎乃去。盛氏儿得不死，而所牧牛竟以伤重而死。于是盛氏长老咸集，皆曰："此义牛也。"买棺敛之，穴地葬之。

这篇故事很有意思，说的是在同治年间的湖北咸宁，有个放牛娃在野外突然遇到老虎，吓得他直接从牛背上掉下来。这头牛似乎通了人性，抬起犄角，与老虎顶到一起，用身体护卫放牛娃。后来有越来越多的牛围上来，老虎势单力薄，竟然逃走了。虽然这放牛娃活了下来，但保护他的牛却伤重而死。这件事让父老乡亲们非常感动，都说这是一头有情义的牛，还专门安葬了它。这一民间小故事，虽然怪异，却也折射出人们朴素的感情，即便是一头牛，若能舍己救人，也是值得人们敬佩的。

《右台仙馆笔记》还记载了两个屠夫的故事，也值得玩味：

> 罗某业屠，一日将杀豕，豕作人言曰："我应于明日死，何早也？"乃不杀。次日，又将杀之，豕又言曰："我应重至九十斤而死，今止八十七斤，何早也？"罗惧，售其豕于人，改业不复屠。

有个姓罗的屠夫，正准备杀猪，却听这头猪开口讲话："我应该在明天才死，为什么今天杀我？"屠夫第二天准备杀它，却又听它说："我应该到九十斤才死，如今只有八十七斤，为什么这么早要杀掉我？"屠夫吓得不敢杀猪了，干脆把猪卖掉改了行。

> 又有郑某，亦业屠。其徒郑三卧于楼上，夜半忽下楼，自将左手置砧上，以右手举刀断之，血流满身，大呼倒地。咸惊起，俟其苏而问之，言："见有人来买豚蹄，我割而予之，不知自断其手也。"言毕而死。

还有个姓郑的屠夫，其徒弟有次突然把左手放在砧板上，抬起右手挥刀斩下，顿时浑身是血。有人救下了他，却听他说："我见有人来买猪蹄子，我就要斩下猪蹄，没想到斩断的是我自己的手。"刚说完，他就气绝身亡了。

这与《聊斋志异》《阅微草堂笔记》等笔记小说中的桥段有相似之处，都是讲的动物通灵后的因果循环故事。由此也能看出古人对待生命的态度，对于不了解的世界，会多一些敬畏之心。哪怕是要变成食材的动物，也最好别虐杀它们，能够以平等的视角看待人与自然，绝不仅仅是现代人的观念。一些悟性较高的古人,也讲究慈悲为怀,并通过笔记小说来表达这份尊重与敬畏。

类似的故事在《右台仙馆笔记》里还有不少。比如,在无锡就出现过一对誓死不愿意分开的大雁,最后好心人还将它们合葬在一起:

无锡县荡口镇民,生得一雁,将杀而烹之。有书生见而悯焉,买以归,畜之以为玩。惧其逸去,以线联其两翮,使不能飞。雁杂处鸡鹜间,亦颇驯扰,惟闻长空雁唳,辄昂首而鸣。一日有群雁过其上,此雁大鸣,忽有一雁自空而下,集于屋檐。两雁相顾,引吭奋翮,若相识者,一欲招之下,一欲引之上。书生悟此两雁必旧偶也,乃断其线使飞,而此雁垂翅既久,不能奋飞,屡飞屡堕,竟不得去。屋檐之雁守之终日,忽自屋飞下,相对哀鸣。越日视之,则俱毙矣。书生感其义,合而瘗之,名曰雁冢。嗟乎!禽鸟之微,犹不忘其偶若此,使人弥增伉俪之重。

还有个故事更神秘,说的是在直隶清河道署,有一间"鬼屋"。在明朝的时候,曾有三十六名忠臣死难于此:

直隶清河道署,相传明季时有三十六人死难于此。至今署中有一室,设三十六忠臣之位以祀之,未知信否。然居是者,率不利,相戒勿居,僦民舍为公馆,而官廨反虚设焉。同治中,陈作梅前辈霈官清河道,不信鬼神之说,颜然居之,未几竟卒于官。于是继之者,仍赁屋以居云。余谓忠义之鬼,不当为厉,殆由久旷弗居,故为妖鬼所据。空穴来风,斯之谓矣。

清朝同治年间,有个叫陈霈的官员,不相信这灵异之说,执意要住在这里，不料很快就死在任上。俞樾倒不觉得是那三十六位忠臣在作祟，因为那是忠义之人，不会害人。他在书中大胆提出了一个观点：可能是这个宅子空了太久，被其他妖怪占据了。

考证可知，这个故事里的陈鼐，还真不是俞樾虚构的人物。陈鼐是道光二十七年（1847年）进士，与李鸿章、郭嵩焘等名人同届，曾国藩也对他赞不绝口，而且，他确实当过直隶清河道，曾经在清河道署办公。

如今，清河道署就在河北保定，是全国重点文物保护单位。至于《右台仙馆笔记》记载的那座"鬼屋"如今是否还在，则难以考证了。这大概也是阅读古书的趣味所在，可以在细节中发现历史尘埃之下的谜题。至于能否找到答案，反而不是特别重要了。毕竟，发现问题和探索奥秘的过程才是最有意思的。

《啸亭杂录》：
清代历史的民间记录

昭梿的《啸亭杂录》，是一本记录清朝前期和中期历史的笔记，其中不少内容都十分有趣。昭梿是礼亲王代善的六世孙，作为清朝宗室，从小听到不少清廷内外的故事，可谓见闻丰富。《啸亭杂录》的故事，对严肃的清朝正史，也算是不同角度的补充。

清太宗皇太极，继承了努尔哈赤的权力，算是大清真正的创建者。《清史稿》对他评价很高："允文允武，内修政事，外勤讨伐，用兵如神，所向有功。"昭梿在《啸亭杂录》里描绘了一个博学多闻的皇太极形象："太宗天资敏捷，虽于军旅之际，手不释卷。曾命儒臣翻译《三国志》及《辽》《金》《元史》《性理》[1]诸书，以教国人。尝读《金世宗本纪》，见其申女真人学汉人衣冠之禁，心伟其语。"

虽然皇太极军旅生涯漫长，却很喜欢读书，尤其喜欢研究中国历史。他对汉文化应该也是很有兴趣的，不仅自己阅读三国故事，还找人翻译史书，为文化的传播和融合发挥了作用。

清朝初期以武立国，一时间涌现出不少勇猛的武士。《啸亭杂录》里就

---

[1] "性理"之说，出自陈淳所撰《性理字义》，是宋明理学的代表作。明朝永乐年间，胡广《性理大全书》问世，这成为后世学习理学的百科全书。

有个猛将阿里玛的故事，很有意思：

> 国初有骁将阿里玛者，能自握其发足悬于地，又能举盛京实胜寺之石狮，重逾千斤。战功甚钜。入京后，所为多不法，章皇帝欲置于法，恐其难制，有巴图鲁占者，其勇亚于阿，因命其擒之。占至阿邸，故与之语，猝握其指。阿怒，以手拂占，掷于庭外数十武，因数之曰："汝何等人，乃敢与吾斗勇耶？"占以上命告。阿笑曰："好男儿安惜死为？何须用给计也？"因受缚，坐车中赴市曹。至宣武门，阿曰："死则死耳，余满洲人，终不使汉儿见之，诛于门内可也"……行刑者从其语，阿延颈受戮，其颈脉如铁，刀不能下。阿自命占以佩刀割其筋，然后伏法，亦一奇男子也。

阿里玛力大无穷，能举起千斤重的石狮子。他本来是战功赫赫的功臣，但清军入关后，便逐渐骄横起来，经常做不法之事。顺治皇帝决定将他绳之以法，但派了很多人，都不能绑住他。阿里玛倒是敢做敢当，主动投案，引颈受戮。而受刑之时，阿里玛的脖子竟然像铁一样硬，刽子手根本砍不动，最后用佩刀一点点割断他的脖颈，他才气绝身亡。这个故事应该有夸张的成分，但阿里玛武力之强，由此也可见一斑。

还有一些奇人趣事，是昭梿亲眼所见的。比如，有个人很擅长口技，他模仿鸟的叫声非常逼真。《啸亭杂录》原文的描述就很精彩：

> 京师有善作口伎者，能为百鸟之语，其效画眉尤酷似，故人皆以"画眉杨"呼之。余尝见其作鹦鹉呼茶声，宛如娇女窥窗。又闻其作鸾凤翱翔戛戛和鸣，如闻在天际者。至于午夜寒鸡，孤床蟋蟀，无不酷似。

昭梿对古玩也充满兴趣。他在《啸亭杂录》里记录了一条几乎是独家信息的史料：

> 五国城[1]在今白都纳地方。乾隆中，副都统绰克托筑城，掘得宋徽宗所画鹰轴，用紫檀匣盛瘗千余年，墨迹如新。又获古瓷器数千件，因得碑碣，录徽宗晚年日记，尚可得其崖略。

当年靖康之变后，宋徽宗被金人俘虏到五国城。乾隆年间，竟然在旧城里挖掘出了宋徽宗的亲笔画作，画作装在紫檀盒子里，就像新的一样。此外，还有不少古代瓷器，也随着宋徽宗被俘一起被带到了北国。

《啸亭杂录》还记载了一个与王安石书写的《伤仲永》很像的故事：

> 乾隆戊辰，纯皇帝[2]东巡，济南张宦家有童子，年七岁，能默诵"五经"[3]及上御制《乐善堂集》[4]中诗。上大喜，钦赐举人，命后宫遍览之。一时传为神童，不久即卒。

古人记录这类早早夭折或泯然众人的神童的故事，大概也是在慨叹命运的无常与跌宕吧。

《啸亭杂录》中比较知名的一段记载是关于纪晓岚的"八卦"。因为这

---

1 五国城遗址，在今黑龙江省哈尔滨市依兰县城西北部。

2 纯皇帝，即乾隆皇帝，乾隆的谥号全称是法天隆运至诚先觉体元立极敷文奋武钦明孝慈神圣纯皇帝，简称纯皇帝。

3《诗经》《尚书》《礼记》《周易》《春秋》五部经典共同构成"五经"。

4《乐善堂全集》是乾隆在当太子时创作的诗文集，全书共四十四卷，展现了乾隆的雄心抱负与日常生活的恬淡心境。

段内容过于荒诞，且为孤证，向来被学术界质疑。昭梿倒没有批评纪晓岚的意思，也承认他博学多才，只是在贪吃和好色上的程度上，确实与常人不同：

> 北方之士，罕以博雅见称于世者，惟晓岚宗伯无书不读，博览一时。所著《四库全书总目》，总汇三千年间典籍，持论简而明，修词澹而雅，人争服之。今年已八十，犹好色不衰，日食肉数十斤，终日不啖一谷粒，真奇人也。

昭梿说纪晓岚每天都吃几十斤的肉，而且只吃肉、不吃主食，还能活到80岁，确实有点离谱。从饮食科学上看，这种行为恐怕很难让人长寿，其记录的真实性存疑。不过，《啸亭杂录》本来也不是什么严肃史书，纯属文人笔记，有些怪异荒诞的记载也很正常。

话说回来，昭梿对神秘事件的兴趣，也不输于纪晓岚。《啸亭杂录》记载了一个诸葛亮在定军山武侯祠显灵的故事，其真伪早已不可考证，却很有意思："嘉庆辛酉，台中丞斐音奏称，川匪阑入汉中时，犯定军山。其间有诸葛忠武侯祠，贼恍惚见侯纶巾羽扇，率神兵数万助战，贼因以败溃去。上命葺祠以报其德。事见邸抄。"

这件事还曾被记录在清朝的邸抄——早期报纸之上，可见这件事还引起了官方的关注，但它毕竟真伪难辨，也只能作为一桩迷案存世。

主要参考书目

（西汉）司马迁《史记》，中华书局，1982年。

（东汉）班固《汉书》，中华书局，2007年。

（西晋）陈寿《三国志》，中华书局，2006年。

（南朝宋）范晔《后汉书》，中华书局，2007年。

（南朝宋）刘义庆《世说新语》，中华书局，2009年。

（南朝梁）陶弘景《古今刀剑录》，中华书局，1991年。

（唐）房玄龄《晋书》，中华书局，1996年。

（唐）刘赓《稽瑞》，中华书局，1985年。

（唐）杜环《经行记笺注》，华文出版社，2017年。

（唐）李亢《独异志》，中华书局，1983年。

（唐）刘恂《岭表录异》，广东人民出版社，1983年。

（唐）杜甫《杜工部集》，上海古籍出版社，2003年。

（唐）刘禹锡《刘梦得文集》，上海古籍出版社，2013年。

（后蜀）赵崇祚《花间集》，上海古籍出版社，2005年。

（北宋）薛居正《旧五代史》，中华书局，2015年。

（北宋）欧阳修《新五代史》，中华书局，2015年。

（北宋）司马光《资治通鉴》，中华书局，2009年。

（金）佚名《大金吊伐录校补》，中华书局，2017年。

（南宋）晁公武《郡斋读书志校证》，上海古籍出版社，2011年。

（南宋）赵汝适《诸蕃志校释》，中华书局，1996年。

（元）周达观《真腊风土记校注》，中华书局，1981年。

（元）关汉卿《关汉卿选集》，人民文学出版社，1998年。

（元）辛文房《唐才子传》，中华书局，2022年。

（元）忽思慧《饮膳正要》，上海古籍出版社，1990年。

（元）贾铭《饮食须知》，中华书局，2011年。

（明）宋濂《元史》，中华书局，1976年。

（明）叶子奇《草木子》，上海古籍出版社，2012年。

（明）陈元靓《事林广记》，中华书局，1999年。

（明）张居正《帝鉴图说》，学林出版社，2010年。

（明）李贽《李贽文集》，社会科学文献出版社，2000年。

（明）钟惺《按鉴演义帝王御世盘古至唐虞传》，群众出版社，1997年。

（明）钟惺《夏商野史》（《中国全史》第5卷），大众文艺出版社，2000年。

（明）佚名《七十二朝人物演义》，书目文献出版社，1988年。

（明）佚名《英烈传 续英烈传》，岳麓书社，1997年。

（明）凭虚子《狐媚丛谈》，文物出版社，2021年

（明）陈邦瞻《元史纪事本末》，中华书局，2015年。

（明）杨慎《古今风谣（及其他二种）》，中华书局，1985年。

（明）曹臣《舌华录》，中州古籍出版社，2007年。

（明）陆粲、郑晓《庚巳编 今言类编》，上海古籍出版社，2012年。

（清）抱阳生《甲申朝事小纪》，书目文献出版社，1987年。

（清）徐鼒《小腆纪年附考》，中华书局，1957年。

（清）孙静庵《明遗民录》，浙江古籍出版社，1985年。

（清）蒲松龄《聊斋志异》，中华书局，2015年。

（清）和邦额《夜谭随录》，上海古籍出版社，1988年。

（清）徐昆《柳崖外编》，吉林大学出版社，1995年。

（清）松滋山人《铁冠图忠烈全传》，宝文堂书店，1990年。

（清）永瑢、纪昀《四库全书总目提要》，海南出版社，1999年。

（清）张之洞《书目答问二种》，生活·读书·新知三联书店，1998年。

（清）李亮丞《热血痕》，华夏出版社，2013年。

（清）丁善长《历代画像传》，天津古籍出版社，2008年。

（清）徐士銮《宋艳》，浙江古籍出版社，1987年。

（清）游戏主人《笑林广记》，中州古籍出版社，2008年。

（清）魏源《海国图志》，岳麓书社，2011年。

（清）昭梿《啸亭杂录》，中华书局，1980年。

（清）徐继畲《瀛寰志略》，上海书店出版社，2001年。

（清）梁章钜《楹联丛话》，中华书局，1987年。

（清）丁耀亢《〈天史〉校释》，齐鲁书社，2009年。

（清）葛元煦《沪游杂记》，上海书店出版社，2006年。

（清）俞樾《右台仙馆笔记》，齐鲁书社，2004年。

后记

近年来，在阅读古籍的过程中，我时常发现一些不为人知的好书。它们或是文人笔记，或是民间杂谈，有的演绎历史，有的书写世情，可惜读者寥寥无几，甚至都不被专家学者重视。因此，我在《北京晚报·五色土副刊》开设了专栏《古书过眼录》，专门向读者介绍一些稀见好书，那些古代典籍经过"现代激活"，也再次获得了生命力。在报纸副刊上发表文史随笔，毕竟有时间和版面限制，但以创作《古书过眼录》专栏为起点，我却发现了钩沉古代典籍的乐趣，便顺着思路继续写了下去。

不久前，新华出版社的编辑张程老师向我约书稿，正好他也是文史作家，酷爱中国历史，我便与他聊起创作思路，又整理了已经写好的文字，与他深入交流。根据他的出版建议，我又增加、修改了不少内容，便有了这本关于中国古代典籍的小书。

由于本书内容涉及大量文史知识，为了降低读者的阅读门槛，在正文完成后，我还以加注释的方式，对一些相对冷门的历史人物、事件和典籍知识进行介绍。由此一来，读者便可在阅读此书时掌握更多的历史信息，获得更开阔的知识视野，拥有更好的阅读体验。

本书部分内容曾以我的笔名黄西蒙或本名黄帅，发表在《北京晚报》、光明网、红网等平台上，在此向张玉瑶、白杏珏、刘冰雅、张瑜等编辑老师一并致谢。我还要特别感谢知名文史作家解玺璋、张明扬、侯磊等老师对本书的推荐。囿于作者水平,本书内容若有谬误之处,还请读者朋友多多指正。

黄西蒙

2024 年 6 月

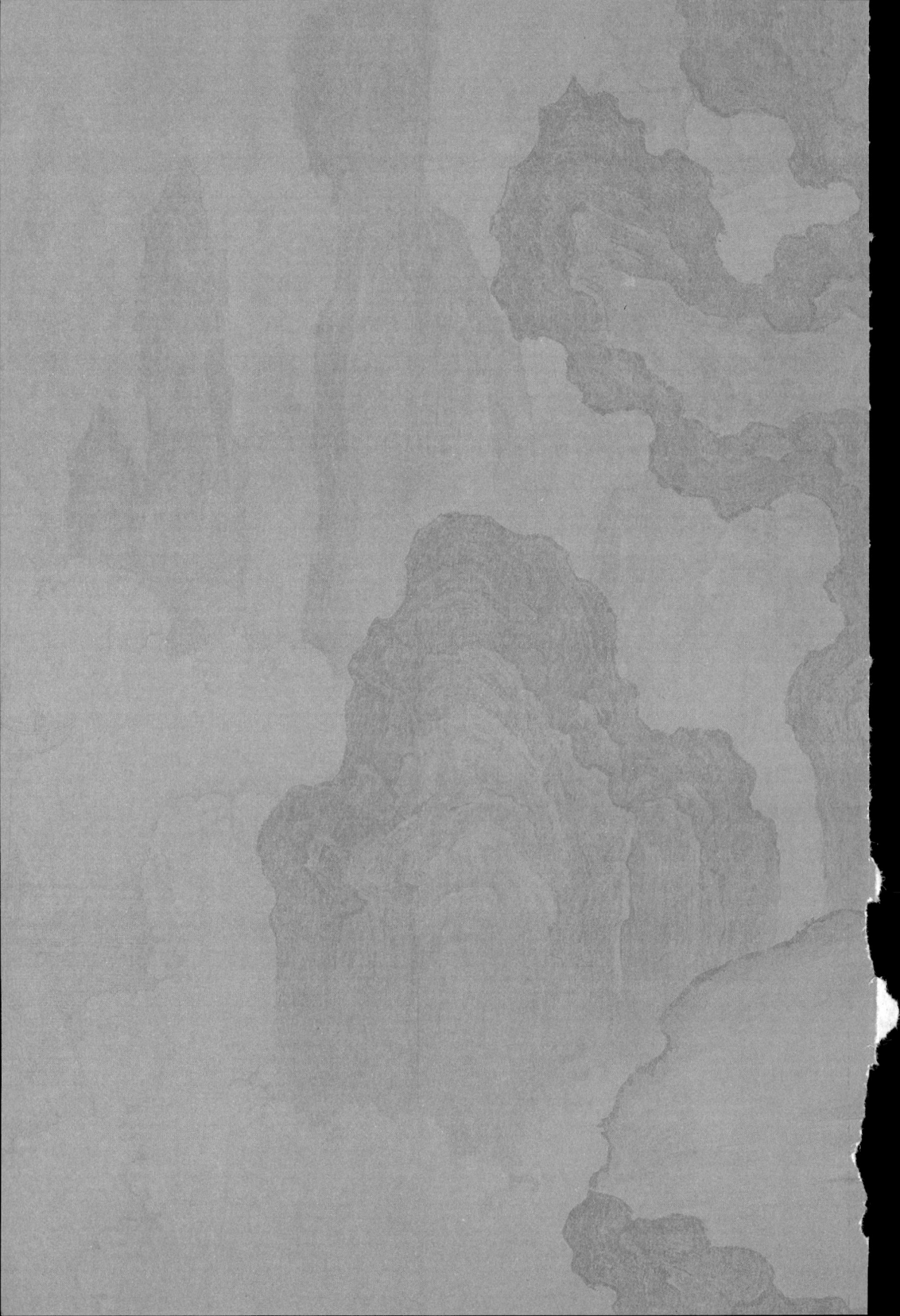